TJ Special File 13

ムーブメントスキルを高める

これなら伝わる、動きづくりのトレーニング

朝倉全紀 監修　勝原竜太 著

はじめに

　月刊『トレーニング・ジャーナル』2012年8月号〜2013年10月号に掲載された「ムーブメントトレーニング」で執筆と監修をそれぞれ担当していただいた勝原竜太と朝倉全紀両氏に、「ムーブメントスキル」の概念がどのように生まれてきたのか、何を伝えたいのかについて対談形式で語っていただき緒言とします（浅野将志・編集部）。

生まれたきっかけ

——　まずは、このような考え方（ムーブメントスキルをトレーニングする）がどのようなきっかけで、どのようにして生まれたのかをお聞かせ下さい。

朝倉：私がアメリカにいた頃（1996〜2005年）、ムーブメントプレパレーションが出始め、直線の動きだけではなく、横の動きも必要だと言われ始めました。当時はあまりメジャーな流れではなかったのですが、その頃ちょうど、直線以外の動きも必要なコンバイン（NFLの合同トライアウト）を受ける選手のトレーニングをみていたこともあり、直線の動きだけのスピードトレーニングではパフォーマンス向上に活かされにくい部分を解決する合理的なよい方法を探したい、組み立てていきたいと考えるようになりました。

　もちろん伝統的なトレーニングを否定しているのではなくて、レジスタンストレーニングをしっかり行うことはよいと思っていました。ただ、それがパフォーマンスの向上に活かされていないケースが多く、うまく活かせない選手でも、それなりにトレーニング成果をあげることが可能ではないかと考えていました。

　それから、うまく活かしているトップレベルの選手の中にもよいポイント、ダメなポイントというのがあり、それを客観的に表現して改善できるようにしていきたい、と思っていました。

　トレーニングの草創期に書かれた書籍を見ても、特異性について書かれてはいますが、特異性の話を考えれば考えるほど、何が特異的なのかということが曖昧だと感じていました。たとえば、過去に投球動作のト

レーニングで手首にゴムチューブをつけて抵抗をかけて投球していました
たが、果たしてそれが球速の向上に役立つのかという疑問も持っていま
した。正しいか正しくないかは別として、そういう経験に頼っていくの
ではなく、体系化していく必要があると思いました。スキルもそうです
し、基本的な動きから、万人が向上できる方法を体系化していきたいと
考え始めたのが、ファンクショナルが出始めたのと同時期でした。時流
に乗っかっているように見えてしまいますが、この時期、仕事の関係
上、疑問を持つことが多かったのがきっかけとなっています。

本書の目指すもの

── 朝倉さんには勝原さんの原稿を監修していただきました。どう感じ
ていましたか。

朝倉：スポーツ界では、このようなサイエンスの原理原則を現場の人た
ちにストレートに投げかけることが、あまり好まれていない、避けられ
ている気がするので、私はよい機会だなと感じていました。

── 監修という視線を執筆中も感じていたとは思いますが、どのように
進めていましたか。

勝原：自分の中では、経験則とか主観、ちょっとした匙加減のようなも
のは省くことを意識しました。あとはその事象に向き合ったときに、何
を頼りにしているのか、という根源の部分に触れるようにしていまし
た。そのため、本書はイントロダクションになっています。

　既知の内容に関して、ある人は触れているが、他の人は触れていない
こともあります。不特定多数の人に対して執筆するため、説明はくどい
かもしれませんが、できるだけ入門書として意識していました。そして
スポーツ科学以外の科学にもう少し触れていくことで、スポーツ科学に
対してもっと理解が進むだろうと思います。実際起こっていることを目
で捉えていくときに、何に紐付けして見ているのかがわかってくるので
はないか、ということも意識しました。

── 運動のコツをわかりやすく定義していくということでよろしいでし

ょうか。

朝倉：もともとはそのようなアイディアで進めてきました。コツをつかむことは難しいが、それには合理性があることを理解させるために正しいと考えるキューを使って、現場では教えるようにしています。

　逆に何が起こっているのかを理解しようとするときには、勝原さんが言っているように、原理原則に従った見方をして、ディスカッションをしたりしています。私の中でも見方や視点などは日々変化していますが、ただ、本質的な古典力学に即しているものに関しては、それに従います。

　人間をできるだけ特別な物体として見ないで、たまたまある弾性体という観点で見るようにしています。ですから、それがどのようにしたら合理的に機能するかというのがコツであるならば、その動きのコツを受け手側が達成できるようにするという作業が、私たちの行っているトレーニングだと思います。

勝原：現象を理解できるようになる科学的なエッセンスと、もう一方、それをできるようにするためのコーチングの両方が必要なのは「ムーブメントスキル」に限らず、トレーニング全般で言えることです。本書では、現象の理解に重きを置いていますが、現象を理解して、それをどうコーチングするかは、日々、系統立てて現在も進んでいるところです。

朝倉：どう使っていくかというのは、日々変わっていきます。

勝原：「こういうふうに重心を動かして」と具体的に言うこともあれば「ババッ、と動いて」と言うことで、肉体的な感覚が呼び覚まされる状況にある選手もいます。

　後者の場合は、私たちは躊躇なく「ババッ」とか「ドンッ」というような表現をします。このような表現で伝わる状況に達している選手には、それが一番共感を得ています。しかし、そこに達していない選手にはうまく伝わらないので、私たちは体系立てて説明します。何も知らない人たちに、こんなドリルを始めるとこんな反応が出て、その次は、感覚的、能力的な部分で枝分かれが起き、その場合ここを鍛える、このよ

うな能力から身につけていく、というコーチングが考えられています。

コーチングの基礎として

朝倉：本書で出てくる部分は、固まっている部分です。おそらく優秀な
コーチは、どのような表現であれ、結果的にこのように教えているよう
な気がします。それが善い悪いの話ではなくて、多くのコーチの方がな
んとなくわかっていることを「系統立てて、段階的にアプローチできま
すよ」という話です。たとえば、第2章のニュートン力学の話ですが、
走動作を分解して、最終的には身体の中で何が起こって、何が力を発揮
して、走動作という結果になっているのか、ということを多くのコーチ
の方に理解してもらいたい、という思いがあります。

勝原：現象を理解することと、実際にコーチングをしてできるようにな
ることを区別しないといけません。たまたま、そのときに使ったキュー
がうまくいったから、それを正反対の場合であっても使ってしまうケー
スが少なからずあります。正反対の表現をすることで、本来起こってほ
しい事象に誘導しているという意識のもとで、その場では正反対の表現
を使い、できるようになったら正しいことを伝える、ということも可能
だと思います。そのへんを整理することで、伝えていることができない
ままの選手がいるとか、伝えたことによって起こしたいことが起きな
い、あるいはもっとうまくいかなくなった、というようなコーチングミ
スも減ってくるのではないかと思います。それはコーチの方々も望んで
いることではないかと思います。

朝倉：よくあることですね。コーチとしては「何かが違っている」と感
じている。

勝原：そのあたりを分けられるなら、基礎的な要素で提示したほうがよ
いと思います。競技スキルとか戦術までのレベルにいくと、応用になっ
てくるので、身体的な原理原則という話がしづらくなります。私たち
は、ファンダメンタルの身体の部分に向き合ってもらうことで、それぞ
れコーチの方々が持っている能力というものが、そのまま選手に財産と

して引き継がれるのではないか、と日々思っています。

朝倉：そういうふうに見ると、トレーニング法ではなくて、コーチングの知見を自分のものにするときに、「ムーブメントスキル」の概念とかアイディアというのが消化酵素になるのではないかと思います。

　たとえば、トレーニングはサイエンスでは語れないと、サイエンスに対して否定的なトレーニングメソッドを唱える人もいます。その方たちの知見を理解して、その方たち以外でもそれなりに扱えるようになったら、コーチ界全体としてもレベルアップするわけですし、そういうものを理解するのに、このような基礎科学が大事なのではないかという気がします。

　「ムーブメントスキル」のアイディアというのは、エビデンスがあるわけではないのですが、現在までのさまざまな知見をまとめて、それを古典力学のアイディアでまとめあげることで、さまざまなアプローチができると思います。　　　　　　　　　　　　　（p.93、対談へ続く）

ムーブメントスキルを高める

まえがき ………………………………………………………… 3

1 ムーブメントスキルとは ……………………………… 10

2 スポーツとニュートン力学 ………………………… 14

3 スポーツと力 ………………………………………… 21

4 身体の構造強度（Structural Stiffness）……………… 27

5 適切な力の加え方（Correct Vector）………………… 33

6 地面反力（Ground Reaction Force）──力の増大 …………… 39

7 スポーツにおける移動動作の大別（リニア、ラテラル）…… 45

8 走力向上のためのスピードトレーニング ……………… 51

目次

9 アジリティ（敏捷性）向上のためのトレーニング …………… 59
　　事例報告1：ジャンプ力向上のためのトレーニング　……………… 66

10 筋力とムーブメントスキル ……………………………… 72
　　事例報告2：ビッグスリーの挙上重量を徹底的に向上させる ………… 79

11 ストレスとトレーニング ………………………………… 84

12 身体を自由自在に扱う──セグメントと全身の運動 ………………… 89

対談：ムーブメントスキルとは何か ………………………… 93

あとがき ………………………………………………… 105

本書は『月刊トレーニング・ジャーナル』2012年8月号〜 2013年10月号に「ムーブメントトレーニング」
として連載されたものを加筆・修正したものである。
なお、連載当初は「ムーブメントトレーニング」としていたが、書籍化にあたり、ムーブメントトレー
ニングを、ムーブメントスキルをトレーニングする、というような表現に変更している。

ブックデザイン●青野哲之（ハンプティー・ダンプティー）

1

ムーブメントスキルとは

　近年、トップアスリートの偉業達成や、大きなケガからの復帰を取り上げるテレビのドキュメンタリー番組を目にする機会が増えました。その中でスポーツに携わるスポーツ医科学の専門家の存在も報じられ、一般にもその存在が知られるようになってきました。しかし、その医科学支援の情報が一般に十分普及しているかというと、そうでもありません。そこで本書では、方法論に終始するのではなく、トレーニングを考えるうえで不可欠な知識や概念を紹介しながら、具体的な方法にも触れていきます。

　皆さんは「何のためにトレーニングをするの？」と質問されたら、どのように答えますか。「筋力が足りないから」「柔軟性が足りないから」でしょうか。トレーニングにも向かうべきゴール（目標）が存在します。それは個人や集団が達成しようとする目的と密接に関わっています。その目的に向かうために、トレーニングが果たす役割や目標があります。それは目的に寄り添ったものでなくてはなりません。トレーニングの目標は主に傷害予防、競技力の向上、そしてチームとしての組織力の向上の3点です。健康・医療分野でも、疾病の予防やリハビリテーション、クオリティーオブライフ（QOL）の向上などを目標としてトレーニングが行われています。

　このように本書では、トレーニングには目的に沿った目標が設定され、それを達成するために行われるものであることを冒頭で述べておきます。

ムーブメントスキルをトレーニングする

ここで「ムーブメントスキルをトレーニングする」とは「ヒトの基本的運動である重心移動と末端加速の能力を高めることを目的として身体づくりを行い、それらを競技スキルへの理解、運用につなげていくこと。また、よりパワフルに出力発揮を行い、それを継続的に出力する能力を高めること」と定義しています。

広い意味ではトレーニング処方に関するコンセプト（概念）であり、目標達成のための哲学を学ぶことであると付け加えておきます。

スキルピラミッド

スキルピラミッド（図1-1）は、ヒトが身体を扱う能力を単純から複雑へと階層的に分けて表現した概念図です。下層に位置するスキルは上層を構成する材料であり、この材料が不足することによって「いびつ」な上層スキルが出現します。ヒトは足りない能力を補って代償する

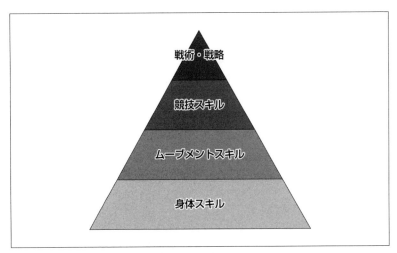

図1-1　スキルピラミッド（勝原、2010）

優れた能力があり、効率よく効果的に身体を使いたい場合には、必要な材料を適切に選び、その材料を使い、達成したい仕事を行うことが必要になります。

　それでは下・中・上の階層スキルについて定義づけをしていきます。まず、下層スキルの身体スキルとは、身体の各セグメント（体節）を扱う能力、または関節を扱う能力を指します。次の中層スキルのムーブメントスキルとは、重心移動能力や末端加速能力を指します。このムーブメントスキルは下層の身体スキルを複合的に扱うことで達成されるスキルです。代表的なムーブメントスキルには、走る・跳ぶ・投げる・蹴るなどがあります。そしてこれらの上層にある競技スキルとは、競技のルールに即した競技の特異性に伴って運用されるスキルを指します。競技スキルが何を運用しているのか、それはムーブメントスキルであり、身体スキルとなります。

　このことを家にたとえると、釘や材木がなければ、玄関も屋根もつくれません。玄関や屋根の部分的構造物が組み合わされなければ家は成り立ちません。このように材料（スキル）づくりや、それをどのように組み合わせるか（運用）、スキルとその運用がスキルピラミッドの概念となります。この「運用」とは、広義では上層スキルに「戦術・戦略」といった要素も加わります。なぜならば、競技のルールや勝敗の決し方に従い、さらに競技スキルやムーブメントスキルをどのように「運用」するかが「戦術・戦略」だからです。

　トレーニングは目的に寄り添った目標を達成するために行うのですが、この階層スキルの習得に伴うトレーニングによるストレス（負荷）が、身体を発達させ、競技そのものに見合う身体をつくることを可能にしているのです。

スポーツとチーム力

　前述したように、スキルピラミッドの概念は1つの役職を飛び越えるように存在しています。つまり、それぞれの階層ごとに役割があり、それぞれに携わる役職が存在しています。それによって、目的に寄り添っ

た目標を実現し、トレーニングや練習が目的に近づく道となっていきます。このような道を進む場合、トレーニング指導においてもチーム力がとても大切になります。各現場のスタッフの陣容にもよりますが、各階層を担当するのは、各々の専門家であり、適切なオーダーを発注することや、適切なオーダーを発注してもらえるように努力することが、チーム力を決定する大きな要因になります。

　「長持ちする大きな屋根をつくりたいから、頑強な硬くて重い材料を集めてくれ」とオーダーを出すと、「大きな屋根を長持ちさせたいなら、頑強で軽い材料のほうがよい」と提案され、各々の専門家が根拠をもとに相談し合って、頑強で軽い材料を使用する。もちろん適切な根拠があって成り立つ話ですが、オーダーを出したものだけを用意するのではなく、それぞれの専門家が「長持ちする大きな屋根をつくる」という目的を設定してオーダーしていけるような関係性を構築することが必要です。トレーニングや練習、そしてその先にある競技の勝敗はチーム力によって大きく成果が変わってくるものです。

2

スポーツとニュートン力学

スポーツを分析する

　最近、アスリートを取り上げたテレビのドキュメンタリーでスポーツの動きを分析している光景を見たことがあると思います。たとえば、カメラを数台セットして、撮影した映像をスティックピクチャーと呼ばれる骨格モデルにしてシミュレーションしたり、フォースプラットフォームと呼ばれる地面反力の測定装置による接地時の力の測定などです。人間の身体や動きを物理的に分析する試みは日々進歩しています。

　つまり、トレーニング指導においても物理現象の捉え方を学ぶことの重要性が増しています。この章ではアイザック・ニュートン（Isaac Newton）が発見したニュートン力学を中心に整理していきます。

ニュートン力学とは

　17世紀後半、それまでに蓄積された知見をもとに数学的記述に基づいてニュートンが体系化した力学分野があり、それらはニュートン力学と呼ばれています。物理学はここから始まったといっても言いすぎではないくらい、物理学をはじめ近代科学の基礎としての貢献はとても大きいものでした。それらの中心は万有引力の法則と物体の運動法則にあり

ます。その後、量子力学やアルバート・アインシュタイン（Albert Einstein）の相対性理論などが続き、これらと比較してニュートン力学を古典力学と呼ぶようになりました。古典力学と呼ばれるニュートン力学ですが、その精度は、速度や重力の大きさが地球上の日常的な範囲に収まるならば、ニュートン力学を用いて十分な精度で説明できるとされています。

質点と重心

　物体に働く物理的な現象を理解するうえで、質点と重心について少し記述します。重心とは重力場で物体を一点で支えたとき、ちょうど釣り合う点を指します。質点には大きさはなく質量が一点に集中している状態を指します。そこで、物体を質点の集合体と考えたとき、それぞれの質点に働いている力を合成すると、ある代表した点で合成力が作用しているという形に表すことができます。この代表した点を重心と呼んでいます。つまり、重心は、物体の全質量がそこに集中しているかのように扱うことのできる作用点と考えることができます。

ニュートンの三法則

第一法則（慣性の法則）
　外力が加わらなければ、質点はその運動状態を維持する（力を加えられていない質点は等速直線運動を行う）。
第二法則（ニュートンの運動方程式）
　質点の運動（運動量）の時間的変化（物体の加速度）は、それに働く力の大きさに比例し、力方向に作用する。$F = ma$。
第三法則（作用・反作用の法則）
　物体に力を加えると、それと同じ大きさで向きが逆な力、反作用の力を受ける。これらの力は大きさが等しく、方向が逆である。

スカラー量とベクトル量

　物理現象を説明するうえで欠かせない量（数字）は2つ、スカラー量とベクトル量です。スカラー量は質量（m）、温度（T）、仕事（W）など方向を持たない物理量、ベクトル量は速度（V）、加速度（a）、力（F）など方向を伴う物理量です。

剛体の力学

　剛体は力が加わっても、任意の2地点間の距離は変わらない物体ですが、力が加わると、並進運動と回転運動をします。剛体に力が加わると、重心の移動速度の変化と重心まわりの回転速度の変化の両方が現れます。ただし、外力のベクトルが重心を通るときのみ、回転運動は起きません（図2-1）。

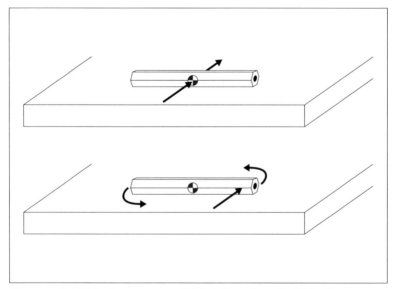

図2-1　机と鉛筆を押すイラスト（並進運動と回転運動の模式図）

軟体の力学

　軟体は剛体ではない物体で、力が加わると変形が生じ、力がなくなると元に戻る場合（弾性体）と戻らない場合（非弾性体）があります。また、外力のエネルギーは物体内部の歪みや摩擦で消費されます。

スポーツの物理学

　人間の身体は、セグメントと呼ばれる部分の集合体として表現されることが多々あります。セグメントの運動方向に影響を与えるのが関節で、関節にはセグメントを固定したり、セグメントの運動方向を変えたりする機能があります。

走動作を例に

　それでは、ここまでに整理してきた物理学を使って走動作を見ていきます。

　図2-2は陸上競技の走者がスターティングブロックについて走り出す直前を表しています。この走り出す直前を時刻t_0として、そのときの速度はV_0（＝0）であり、静止した状態なので運動は止まっています。ニュートンの第一法則である慣性の法則では「外力が加わらなければ、質点は運動状態を維持する」ということから、時刻t_0の選手への慣性の力は止まり続けるように働いています。

　時刻t_0から地面に力を加える（作用）と、ニュートンの第三法則である作用・反作用の法則から作用させた力と同じ大きさで正反対の方向へ反作用の力が返ってきます（図2-3）。これを地面反力と呼びます。この反作用の力が、物体（身体）に外力として加わり、t_0で働いていた「止まり続ける」慣性の力の拮抗を崩して物体は移動します。つまりスターティングブロックについた状態からスタートすることができるので

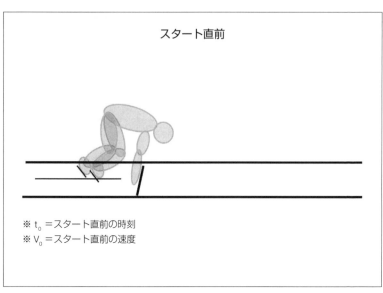

図2-2 スターティングブロックからのスタート直前の様子（慣性解説）

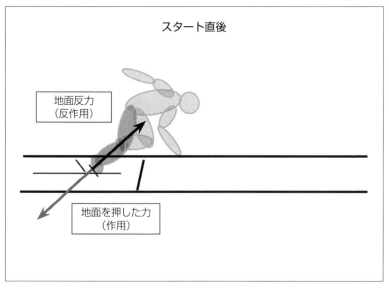

図2-3 スターティングブロックからのスタート直後の様子（作用・反作用と慣性解説）

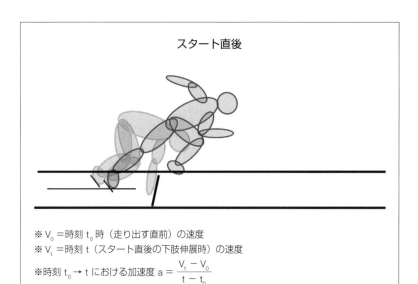

図2-4 スターティングブロックからのスタート直前と直後の様子（慣性解説）

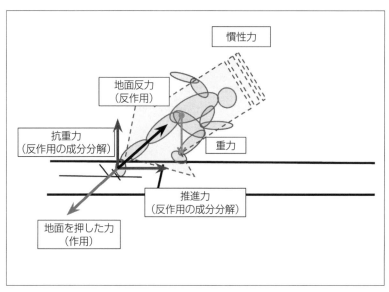

図2-5 スタート動作の物理現象（略図）

す。そのとき、止まり続けようとする慣性の力が物体には働きますが、反作用による外力から物体は移動していきます。

　次に、加速度は速度の変化率です。スタート直前の時刻を t_0、速度を V_0 とし、時刻 t のときの速度を V_t とすると、この V_0 から V_t への単位時間当たりの速度変化を加速度（a）といいます（図2-4）。ニュートンの第二法則である運動方程式によると、加速度と身体に加えられた力は比例関係にあり、力強く地面を押して（作用）、地面反力（反作用）を大きくすることは、加速度を増すための重要な要素となります。この加速度に変化が起きた走者には、いわゆる慣性力が働きます（図2-5）。皆さんも、走り出す（加速）電車で「おっとっと」と加速方向と反対方向に身体が移動した経験があると思います。つまり、加速についていかないという慣性力が身体に働き、そのため身体は電車が進む方向とは反対に移動したのです。加速度が増せば増すほど、慣性による力は大きくなります。走ることは加速度を上げる作業を行い、加えて慣性力や重力によって正しいフォームを崩されないよう、それに抗する作業を行うことが走動作では求められています。

現場を研究・検証するための共通言語

　このようにスポーツ場面にも、日常生活と同様に物理の法則が働いています。その物理の法則の基本を押さえて、スポーツをより科学的に分析してみると、練習内容やトレーニング内容に自信を得ることができます。物理学はスポーツ科学の共通言語でもあり、スポーツの悩みを世界共通の言葉でディスカッションすることを可能にします。日々の研究や検証を現場でも積み重ねていくことで、そのチーム、その選手の課題に対して解決する手立てとなります。

3

スポーツと力

人体に働く物理学の法則

　地球上の物体はモノであろうとヒトであろうと、物理の法則に従っています。スポーツにおいても例外ではありません。では「スポーツと力」をテーマに進めていきます。

力の合成と分解

　力は大きさと方向の2つの性質を持つベクトル量（ベクトル）で表します。図3-1は同一直線上にある2つの力の合成を示しています。力の合成とは、同一直線上に働くF_1とF_2の力を合わせると$F_{1,2}$という合力として表すことができます。①と②はそれぞれ合力を示しています。①のように、$F_1 = 6N$（ニュートン）、$F_2 = 4N$とすると、合力$F_{1,2}$は10Nとなります。また、力は量だけではなく、方向があることも重要です。そこで②では一直線上逆向きの方向に働く$F_1 = 6N$、$F_2 = -4N$とすると、合力$F_{1,2}$は2Nとなります。力は、別々の方向を向いている力でも合成することができます。

　次に、2つの方向を持つ力について考えてみます。たとえば、車を二人の男性がそれぞれに綱を引いて移動させるとしましょう。それぞれ男

21

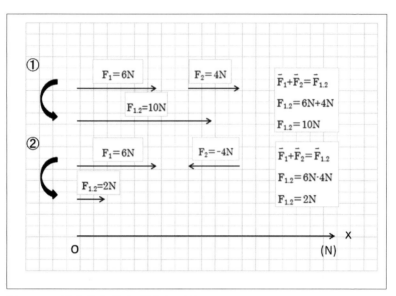

図3-1　ベクトル合成（x軸方向のみ）

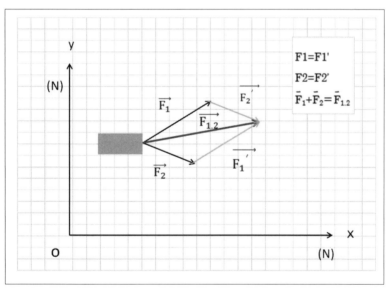

図3-2　ベクトル合成（二次元の合力）

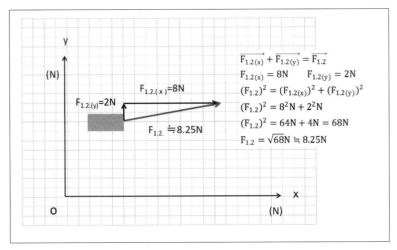

図3-3　ベクトル分解（分力）

性が引いた力をF_1、F_2とし、F_1とF_2を辺にした平行四辺形や三角形の作図をすることによって、$F_{1.2.}$の合力を表すことができます（図3-2）。

合力と反対の考え方をするのが分力です。力のベクトル$F_{1.2.}$を、2つの力のベクトル$F_{1.2.(x)}$と$F_{1.2.(y)}$に分解することができます。多くの場合、直行する座標を定めてx軸とy軸上に分解した力を分力として表せます（図3-3）。

スタート動作の「力」（作用・反作用）

数学的記述と物理の法則を合わせて、スポーツ場面での動きを説明してみましょう。図3-4はスターティングブロックからスタート直後の局面を示しています。本来、スポーツ場面の説明にはx、y、zの3軸を用いて記述することが一般的ですが、ここでは記述の仕方に慣れるために、奥行きyを省略して進行方向xと鉛直方向zの2軸で解説します。

走者は脚の伸展を行いながら、足底でスターティングブロック（地面）に対して力を加える（作用）と、地面に加えた力と同じ大きさで、

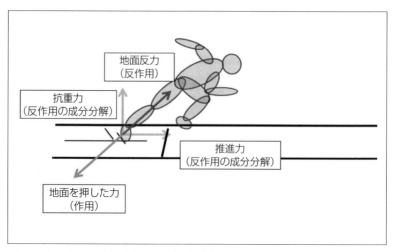

図3-4 スタート動作の反作用とその分力

逆向きの力（反作用）がかかってきます。これを地面反力または床反力といいます。ここでは作用・反作用の法則より、地面反力が身体（物体）に対して外力として加わり、身体は運動（移動）を開始していきます。このスタート直後の地面反力をx、zの方向に分解することで、地面反力が身体に伝える力の性質を理解することが可能になります。

地面反力を2軸（x、z）で記述し、さらに地面反力をx方向とz方向の2つの力に分解したものを図3-5に示しました。地面反力は鉛直方向（z方向）と進行方向（x方向）の力で説明することができます。言い換えると、地面反力は、進行方向に進む力（推進力）と重力に抵抗する力（抗重力）を身体に与えていることがわかります。

このように作図してみると地面反力による推進力を大きくするためには2つの方法があることがわかります。1つ目は地面反力の傾きを前傾させること、2つ目は地面反力を大きくすることです。ベクトルの前傾がすぎると抗重力が少なくなり、体重を支えられなくなってしまいます。また、スタート後は、慣性の法則により、第2ステップまではこの推進力で前進します。スタート時にはスターティングブロックによって地面反力が図3-4のように前方斜めに向けられますが、第2ステップは地面との摩擦力で斜めの角度を得ることになります。そのため力の加

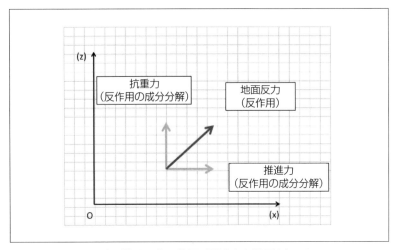

図3-5　スタート時の地面反力の分解（推進力と抗重力）

える方向と大きさを適切にし、脚力を有効に推進力に役立てる必要があります。

　ここでは理解を容易にするために2軸で説明してきましたが、実際の走行は三次元で動いています。この奥行きの動作をどう評価するかも大事なポイントです。

横方向の移動とその地面反力

　スポーツでは横方向に運動することもあります。もちろん横方向移動の際も三次元の動きをします。図3-6は、左・右・横方向の方向転換などに用いる代表的動作のシャッフル動作を三次元の力（3軸：x、y、z）にして示しました。実際には、このように目の前に数字や矢印の向き、大きさが示されることはありません。しかし、スポーツを分析するひとつの観点として物理的視点があることを頭に入れなくてはなりません。

　その基本知識と、それぞれの場面の物理的な局面のデータを頭に入れておくことは、スポーツパフォーマンスを向上させることや、傷害予防

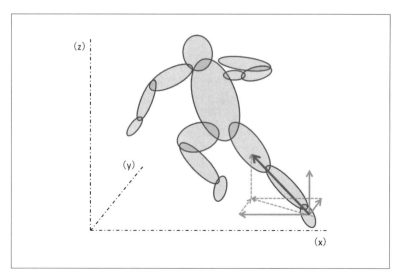

図3-6 シャッフル動作時の地面反力（反作用）と分力

にも必要になってきます。たとえば、動作中の関節にかかる力の理解や移動中の動作の効率性の理解などに役立ちます。加えて、数学や物理の言葉を使うことの利点は、異なる経験を持つ指導者や専門家とスポーツ局面のディスカッションを正確に行えるようになる点かもしれません。

身体の構造強度
Structural Stiffness

　この章では身体の構造強度について考えていきます。傷害予防とパフォーマンス向上を達成するために構造強度のトレーニングは不可欠です。

「S・V・G」

　ムーブメントスキルを考えるうえで大切な概念が3つあります。トレーニングの組み立てにも、分析にも用いる、それは「S・V・G」です。「S」はStructural Stiffness（構造強度）、「V」はCorrect Vector（適切なベクトル）、「G」はGround Reaction Force（地面反力）の頭文字を取ったものです。では「S」について解説していきます。

「S」とは何？

　「S」は、身体の構造強度の概念を表します。スポーツやトレーニング業界で頻繁に耳にするようになったStability（安定性）という言葉があり、同じ頭文字Sで始まるStabilityは、この構造強度も含む広い意味を持つ言葉です。しかし、現在の日本では、Stabilityは曖昧な言葉として便利に使われていますが、本書では読者と構造強度の概念を整理し共

有していくために「S」はStructural Stiffnessとします。

　では「構造強度」とは何でしょうか。地震大国日本では、耐震構造や免震構造という言葉を思い浮かべるとイメージが湧きやすいと思います。東日本大震災の際、東京スカイツリーが完成間近で被災したにもかかわらず、この建造物には大した被害はありませんでした。建造物の構造強度は重厚であればよいといった単純なものではありません。その建造物全体や部分的なパーツにもそれぞれ役割（機能）が存在し、それを満たしながら強度を保ち続ける必要があります。この構造強度は人間の身体にも共通しています。構造強度以下の力に対して、身体は内・外から力を受けても構造体が変形・損傷（ケガ）せずに保ち続けることができます。また、変形しないことによって、その力を効率的に構造体の運動に利用することが可能になります。

材料とその強度

　材料力学と呼ばれる学問分野があり、材料の質や大きさ、形などによって構造強度が変わることを教えてくれます。一般的に、材料には図4-1のような応力と歪みの関係があります。すなわち、材料に徐々に力（応力＝力÷断面積）を加えていくと、力に比例した伸び（歪み＝伸び率）が生じ、これ以上力を加えていくと力を弱めても元に戻れない限界があり、この点を弾性限界といいます。さらに力を加えると著しく変形

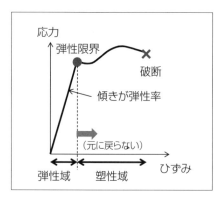

図4-1　応力と歪みの関係

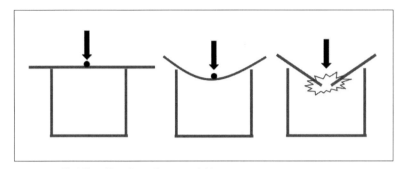

図4-2　構造体に働く力とパーツの破断

し、やがて破断します。応力と歪みが比例する範囲を弾性域、これを超えて破断するまでの範囲を塑性域といいます。もちろんヒトの身体には弾性限界以上の力を加えてはなりません。

　たとえば、図4-2のような木の板に曲げ荷重（曲げモーメント）を加えていくと、板はある一定の力（弾性限界）までは破断することはありません。いわゆる「しなっている」状態です。しかし弾性限界を超えて力が加わると「バキッ」と板が折れてしまいます。ではガラスではどうでしょうか。力を加え続けると、板と比べて弾性域は狭いので「しなる」ことはほとんどなく、ある限界を超えたときにヒビが入り、さらに力を加えると割れてしまいます。このように材料によって特性が異なり、構造物はそれを構成する材料によって、強度が変わることがわかります。

　人間の身体でも同じように、骨や靭帯、腱、筋、関節包などさまざまなパーツが材料として存在し、身体全体を構成しています。解剖学や組織学などの学問が身体の材料の知識を教えてくれます。たとえば、高齢者が転倒し受傷するケガの代表に大腿骨頚部骨折があります。大腿骨は均一な形をしていません。図4-3のように、転倒すれば力が大腿骨頚部に集中（応力集中）する構造となっているので、大腿骨頚部が骨折の頻発箇所になることを説明できます。さらに、高齢の女性には骨粗鬆症の患者も多く、骨粗鬆症により骨自体の強度が低下して、構造上許容できる最大応力（許容応力）が低下していることが、若年層に比べて高齢の女性に大腿骨頚部骨折が多い理由となります。

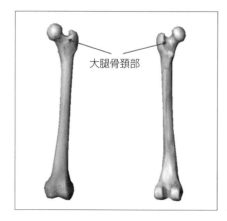

図4-3　大腿骨の形（材料の質）

　解剖学などによって身体の材料（組織）の大きさや形状、特性を知ることができ、また物理学（力学）によってそれらの現象をヒトの身体に対しても説明することができます。

関節の構造強度

　ヒトの関節は骨を支柱に靭帯や筋、腱、その他の軟部組織によって構成されています。それぞれの関節には壊れずに大きな力を利用できる適切な可動域や可動ルートが存在します。その可動域・可動ルートを外れたとき、材料（組織）に不適切な力が加わります。スポーツ医学の視点から、身体のどのパーツにどのような力が加わるかという知識に加えて、材料力学の視点から、そのパーツの特性や、その強みと弱みの知識を持つ必要があります。

　膝に代表される蝶番関節を例にしてみます。この関節の大きな特徴は適切な可動域が一方向に対して広く、その他の方向に対しては狭いということです。この適切な可動域や可動ルートを外れて力が加わると、関節の限界強度が低下します。このように関節の構造強度において、加わる外力や内力の大きさだけでなく、力の方向も大切な要素のひとつです。

スポーツと「S」

　スポーツでは日常生活と比べて、より大きく、より多方向からの力が身体に加わります。また速く移動したり、素早く方向転換したり、時には接触を伴う場合もあります。したがってスポーツにおいては、身体（構造体）に対してより高い構造強度が必要となります。そして、より高い構造強度を得るには、関節を扱うスキル（身体スキル）と関節を構成する材料（骨や軟部組織など）の両面の強化が求められます。

　身体は複数の関節で構成される構造体です。1つの関節にとって最適な状態をつくるだけでは十分ではありません。複数の関節をコーディネートし、力を分散して、身体全体の構造強度を高めることが必要になります。最終的にスポーツでは、刻々と変わる動作の中でも全身の構造強度を高め続けておく能力が必要になります。大きな力を扱うには、適切な可動域や可動ルートの存在は無視することができません。

　関節が破壊されるように力が働いている場合は、図4-4のように関節を挟む前後のセグメントに対して効率的に力を伝えられず、適切に運動させていないと言い換えることもできるでしょう。それに対して、図4-5のように物体の剛性を保つことで、2つのセグメントを1つのセグメントのように扱うことができ、物体の運動に対して力を効率的に利用することができます。そうするには、関節を固定する能力（安定性）と、関節を適切に動かす能力（可動性）が必要です（身体スキル）。これがトレーニングにおける「S」の要素です。

　つまり、「S」をトレーニングするとは、身体と外力と運動の関係について学習することであり、身体に加わる外力を適切に扱い、効率的に物体（身体）を運動させる訓練です。言い換えると、外力に対して身体の材料（腱や筋など）を適応させ、材料の強化と全身の構造強度を高めるコーディネーションを獲得していくことになります。

　パワフルで爆発的な動きをしたいと考えた場合、「S」の能力を高めることでより大きな力をコントロールする可能性を持つことになります。また、小さな力から大きな力まで効率的に力を使って持久力をつけたい場合にも「S」の能力を高めることは有効になります。今までのト

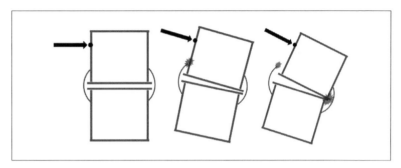

図4-4　構造体に働く力と変形（損傷する場合）

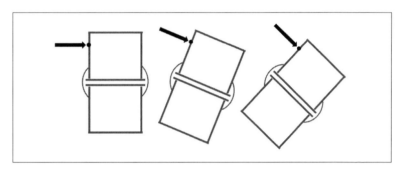

図4-5　構造体に働く力と変形（損傷しない場合）

レーニングの考え方に「S」の考えをプラスすることで、身体とスポーツのつながりが明確になり、トレーニングの課題も増えていくことになるでしょう。

　トレーニングの大きな目的である傷害予防とパフォーマンス向上を達成するために、「S」の要素は不可欠なのです。

適切な力の加え方
Correct Vector

　ここではV（Corrct Vector）について解説します。Correct Vectorを理解するキーワードは、物体の運動と力、つまり「セグメントの運動」「関節の機能（役割）」「力の作用」です。

関節とセグメント

　人体におけるセグメントとは骨を中心とした変形しない剛体部分のことをいい、そのセグメントとセグメントをつないでいるのが関節です（図5-1、2）。関節はセグメントからセグメントへ力を伝達させ、同時にセグメントの運動も制限します。関節の解剖学的定義は、骨格系において2つ以上の骨や硬い部分の間の結合、あるいは連結している部分のことです。関節はそのセグメントの動き（運動）に大きな役割を果たしています。

　たとえば、投球は前腕と上腕を動かして行いますが、前腕と上腕の運動には多くの自由度があり、いろいろな投球動作ができます。その自由度を生み出しているのが関節です。2つのセグメント間の角度を変化させて投球が行われますが、球質によって、速球には速球の、カーブにはカーブの最適なセグメントの運動があり、それを可能にしている関節の働き方があると考えられています。さらに複数のセグメントと関節の働きによって、投球動作全体がつくられています。そこで「セグメントの

運動」と「関節の機能（役割）」に焦点を当てていきましょう。

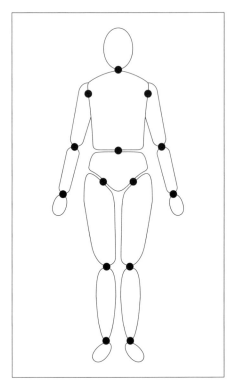

図5-1　人体モデル（セグメントと関節）

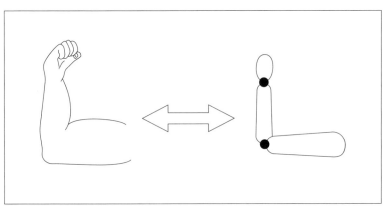

図5-2　上肢と上肢モデル

剛体の運動

まずは物体の運動について少しおさらいをしていきます。剛体とは、力が加わっても任意の2点間の距離が変わらない物体です。このような物体は力が加わることで、ある地点からある地点へと移動します。その運動は、大きく2種類あり並進運動と回転運動に分けられます（図5-3）。また、剛体には変形運動はありません。人体のセグメントは剛体とみなしてよいでしょう。

多関節による多セグメントの運動

では、多数の関節に多数のセグメントの場合にはセグメントの運動はどうなるでしょうか。1つのセグメントに力が働くと、関節を介して隣接するほかのセグメントに力と運動を伝え、それが連鎖することによっ

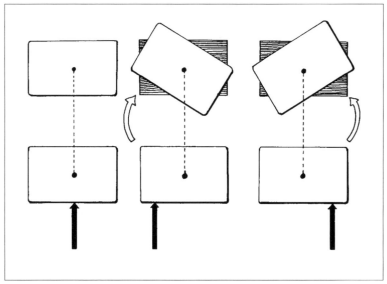

図5-3　力と剛体の運動　（『スポーツ技術のバイオメカニクス』より）

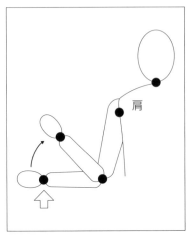 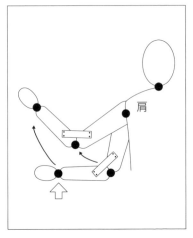

図5-4 前腕に上向きの力を加えると肘関節を中心にした円運動が起こる　　図5-5 肘関節が固定されたとき、回転中心が肘から肩へ変化する

て多関節・多セグメントの骨格系は運動します。つまり、最終的には身体全体の運動の最適化をしなければなりません。どのような関節角度によって骨格系をどのような形にするのが最適な運動になるのかを考えることが必要になります。

　たとえば、垂直跳びでは足・足首・下腿・膝・大腿・骨盤・体幹（もしくは椎骨ごとにセグメントを描く）・首・頭という多関節・多セグメントの骨格系の全体の重心が垂直に動き、かつ最大の運動エネルギーを発揮するように、各セグメントと関節が動き、セグメントは並進運動と回転運動をします。関節は、両サイドのセグメントが関節面をどのようなルートで動き、どのような範囲で動くことができるのかを決めています。セグメントが回転運動を起こす際には支点の役割も果たしています（図5-4）。

　関節にはもうひとつ、固定という大切な機能があります。セグメントとセグメントとをつなぐ関節の動きを固定すると、2つのセグメントを1つのセグメントとして考えることができます。これにより、力が働くことで関節を支点にしてセグメントの運動が起こりますが、固定機能により2つのセグメントが1つの剛体として運動することができるように

写真5-1　おもちゃのヘビ（多関節・多セグメントモデル）　　写真5-2　おもちゃのヘビ（多関節・多セグメントモデル）

なります（図5-5）。

　では、関節（接合部）が随意固定の機能を持たないプラスチックおもちゃのヘビを見てみましょう。尾部（尻尾のような部位）セグメントを持ち左右に動かすように力を加えると、左右にゆらゆらと運動を開始します。手から尾部の接合部へ伝わる力と物体にかかる重力によって、隣接するセグメントへ順に運動が伝わり、ヘビが動いていることがわかります（写真5-1）。

　このように多セグメントの物体は、物体の運動を通して隣接するセグメントの運動に物理的な影響を与えます。ヘビのおもちゃの関節でも最大可動域では、関節がそれ以上動かないためにセグメントが固定します。尾部を左に向けて力を加え関節の最大可動域までセグメントを動かすと、関節は固定され多セグメントがまるで剛体のように動きます（写真5-2）。

　ヘビのおもちゃには随意の関節固定力はないので、最大可動域で一方向に対して力-運動の効率が高まります。このように多関節・多セグメントのモデルも、関節の固定により1つのセグメントのように扱えることがわかります。

Correct Vectorとは

　関節に可動と固定の機能（能力）があり、これらはセグメントの運動に関与していることがわかりました。そして、身体のセグメントは「力」が作用することで「運動」することもわかりました。力はベクトル量で表し、大きさと方向を持っています。この力が関節を介して各セグメントに伝わり、全セグメントの重心（身体重心）を動かし、効率的で適切な運動を実現します。

　Correct Vectorとは、力の利用を考える概念であり、言い換えるとセグメントの運動を考える概念です。第2章で、重心は物体の全質量がそこに集中しているかの如く扱える作用点と紹介しました。この重心は身体重心を指します。投げる動作であれば、最終的には投擲物に直接力を加える手や指の運動を起こすために各セグメントの運動が重要になり、垂直跳びでは重心の移動で、おおよそ説明することができます。Correct Vectorの概念を使うことで、スポーツ動作や日常動作の理解が進み、また不足した身体スキル、ムーブメントスキル、競技スキルを発見することに役立つでしょう。

　またCorrect Vectorの概念を使ってエクササイズを選択したり、作成したりすることがムーブメントスキルのコンセプトを用いたトレーニングです。普段のトレーニングエクササイズを「セグメントの運動」と「関節の機能」「力の作用」から、エクササイズの特徴やプログラムの狙いなどを整理し、より効果的なトレーニングプログラムづくりに役立てます。ただし、このような力学モデルは万能ではなく、ある現象や事象を力学的に紐解くのに役立つことを知るべきです。そして、力学的な解析と生理学的な要素や運動学的な要素、その現象を引き起こすための主観的な要素などとの整合をとりながら、コーチングでは何を伝えて、どう選手を導いていくのかを考察していきましょう。

地面反力
Ground Reaction Force
力の増大

地面反力

　地面反力（Ground Reaction Force）とは、地面に加えた力に対する反作用の力です。図2-5（p.19）に、疾走動作における地面反力を示しました。このように大きな力を利用する場合、ある対象に加えた力の反作用を利用することで大きな力を扱えます。つまり、大きな力を扱う場面では地面反力を利用することが多くなります。そこでムーブメントスキルでは、「Ground Reaction Force」の頭文字を取って「G」として、「S（Structural Stiffness）と「V（Correct Vector）」に続く考え方として、この「G」をいかに利用し、いかに大きくするかを考えていきます。

地面反力を大きくして、力の増大につなげる

　地面反力によらず、自ら発揮する力を直接的に自分の身体に対して利用することは通常はとても難しいことです。右手で左手を引っ張る程度のことはできますが、自分の手で自分の身体を押し出すことはできません。とくに大きな力を利用する場合は困難極まります。そこで作用・反作用の法則を利用して地面反力（反作用）を使うことが大切になります。つまり自分の身体に大きな力を作用させたいならば、地面に加える

力（作用）を大きくすることを考えていくことになります。もちろん地面反力に限らず作用・反作用の法則を利用しながら、身体の外向きに加えた力を内向きに変える動作も利用することがあります。このように外向きから内向きへと、力のベクトル（方向と大きさ）を変えるという考え方が「G」の概念にあることも強調しておきます。

　では「地面に加える力」とはどのようなものでしょうか。たとえば重力です。体重60kgの人は立っているだけで60kg重の力を地面に加えています。これをSI単位系にすると、

　　60kg × 9.81（重力加速度）= 588.6N（ニュートン）

となります。

　またN（ニュートン）は$kg \cdot m/s^2$と表記することもできます。この力の反作用によって人は立っています。さらに、地面を蹴ってジャンプしたり、着地したりと、それぞれで地面反力を身体に作用させることになります。加える力を大きくしてジャンプをすると、跳び上がる高さもより大きくなります。また着地においても、高いところから落下して着地するとより大きな地面反力を得ることにつながります。フォースプラットフォームを用いて疾走中の地面反力を調べた報告では、鉛直方向の地面反力が200〜300kg程度に示されています（阿江ら1990、福田ら）。これらの報告からも大きな地面反力を得るためには跳び上がったり、走ったりすることが有効なことがわかります。

段階的に負荷を加える

　ジャンプや走りでは大きな力を身体に加えることには適しているものの、その地面反力の大小の調整をすることは難しくなります。そこでウェイトトレーニングに目を向けてみます。バーを担いだスクワットやデッドリフトといった種目では身体に作用させる力の調整が比較的容易であり、段階的な地面反力の増大に向いています（写真6-1〜4）。

写真6-1　スクワット

写真6-2　デッドリフト

写真6-3 スクワットジャンプ

写真6-4 シングルホップ・ステップ

「G」は「S」・「V」とともに

　地面反力を大きくする方法は、一方で、身体に大きな歪みを与えてしまうこともあります。それを防ぎながら効果的にパフォーマンスへと活かすためには、大きな地面反力を受けることができる状態（体勢、能力）を保つ必要があります。それは正しい身体アライメントで動きを制御し、そして各筋の筋力をつけることです。つまり、「S（身体の構造強度）」を高めた状態を表現する能力がなければなりません。また「S」を高めることができると、より大きな地面反力を得ていくことにもつながります。さらに「V（適切な力の加え方）」の能力を高めることで、加えられた力をどのように動作に利用するのかを磨きます。

　たとえば、加えた力を重心の移動に利用することにつなげたり、加えた力からセグメントの運動に利用したりします。強く速い動作をするために、地面反力を大きくすることは、その力が有効に使われることが前提です。身体を動かしたり、道具に力を伝えたり、これらをパワフルに行うために「G」を大きくしたいと考えたとき、「S」や「V」の概念を包括的に組み込んだプログラムを実施しながら、徐々に「G」を強調していける状態をつくりあげていきます。そして「S、V、G」を絶えず循環しながら強化をしていくことが大切です（図6-1）。

　また選手の特徴も「S、V、G」の観点から評価し、「S」から始める

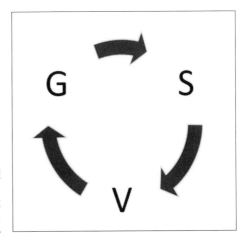

図6-1　S（身体の構造強度）、V（適切な力の加え方）、G（地面反力）を循環させながらプログラムを組み立てる

べきか、あるいは「V」からか、「G」から始めるべきかと検討してみます。そして循環を繰り返すたびに、それぞれの能力が向上していくことを確認していきます。力学的な視点から見ていくことと、以前から使われてきた筋力などの能力の関係性を整理すると、さらに効果的なプログラムづくりに役立ち、効果的なコーチングにつながります。

スポーツにおける移動動作の大別（リニア、ラテラル）

移動を考える

　スポーツにおいて移動とは「歩く」「走る」「跳ぶ」「転がる」など、ヒトがA地点からB地点へと移ることを指します。そして移動には基準の点や基準の向きに従って「前後」「左右」「上下」に移動するといい、「一塁ベースの方向に走る」「エンドラインに走る」という競技特有の表現になったり、地図では「北に向かって」などということもあります。

座標系

　移動を分析するとき、一般的には座標系、とくに三次元直交座標系を用いることがあります（図7-1）。直交座標とは数学で学ぶx軸、y軸、z軸が直交する座標系のことをいいます。ヒトの移動に関してもこのような座標系を用いることで正確に位置を記述することができます。

相対と絶対の世界

　「移動」を理解するときに気をつけなければいけないのは相対と絶対

45

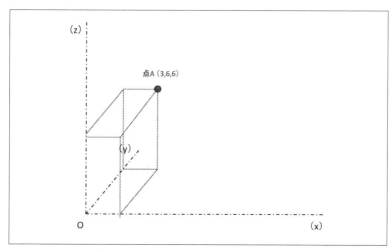

図7-1　三次元座標系

の考え方です。たとえば、①フィールドに立つ自分がA地点からB地点へと前方へ移動することと、②スタジアム最上部にある定点カメラで選手XがA地点からB地点へと移動することの違いです。①のような状態を座標系で表すと相対座標となり、基点となる位置を「自分」とします。②を座標系で表すと絶対座標となり、たとえば任意に定めたx軸、y軸、z軸の交点を原点0とし、基点とします。つまり、同じ事象や場面を表現するにも、どちらも使えるということになりますが、その特徴は異なります。

部位の正確な位置を知るために

　正確な位置を表すのに座標系を用いること、また相対と絶対の考え方もわかりました。そこでスポーツ医科学では解剖学や機能解剖学を学ぶことから、解剖学を例に「相対的」な位置を正確に記す方法について触れていきます。
　解剖学では、正確に身体の構造をつかみ、それぞれの位置関係を理解する必要があります。そこで解剖学的正位（anatomical position）とは、

頭、眼、つま先が前方を向き、腕は手のひらを前方に向けて体側に沿って伸ばし、下肢は足を平行に揃えている姿勢をいいます（図7-2）。記述に曖昧なことがないように、位置を示すこの用語と適切な解剖学用語を用いることで、身体のどのような部分でもお互いの相対的な位置を正確に述べることができます。

次に解剖学的平面とは、解剖学的正位にある身体の断面を通る4種の仮想平面で、正中面、矢状面、前頭面、横断面を指します。この項の用語は「解剖学用語改訂13版」に準じて記載します。

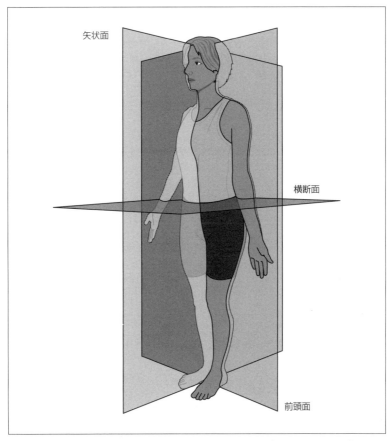

図7-2　解剖学的正位、解剖学的平面（『ストレングストレーニング＆コンディショニング　第3版』より勝原改変）

1. 正中面は身体の長軸に沿った鉛直面で、身体を左半分と右半分とに分ける。この平面は身体の前面および後面のそれぞれの正中線を通る。
2. 矢状面は正中面に平行な面である。
3. 前頭面は正中面と直交する鉛直面で、身体の前の部分と後ろの部分とに分ける。
4. 横断面は正中面と前頭面の両方に垂直な面で、身体を上方の部分と下方の部分とに分ける。

　これらの面を正確に記述するには、たとえば「へそを通る横断面」「下顎頭を通る前頭面」などと記載します。
　このように、基準となる形（姿勢）を定め、基準となる面（線も含む）を規定することで、誰にでも正確に臓器などそれぞれの「正確な位置」がわかります。解剖学では、臓器など部位同士の位置関係が重要であることから、ヒトの構造を相対的な位置で正確に記述する方法として特化してきました。これら解剖学に特化した記述も、その科学的な起源はデカルトやユークリッドといった空間概念や座標概念によるものです。

座標系で表すことも

　これまで述べてきたように、解剖学は解剖学的正位や解剖学的平面の規定によって正確に相対的な位置を記述できます。また、座標系では基点と座標軸を定めることで任意の点を定めることができます。つまり、基準になる点や軸（面）を定めれば、身体についても座標系としても表現することができます。そもそも起源が同じとすれば当たり前ですが、座標系は異なる座標系を重ねて表現することもできます。そのような異なる座標系に示された座標も別の座標系へと移すことができ、それを座標変換といいます。
　座標系に任意の点（定めたいもの）を置くことで、頭から足までの距離を求めたり、任意の点が数秒後に移動した位置との距離を求められます。絶対座標と相対座標は、基点を原点（0、0、0）とするか、特定

48

の点とするかで決まります。

スポーツの分析では、絶対座標と相対座標の特徴を踏まえて分析事象に合わせることが重要です。

絶対座標系で移動動作を大別する
（リニア・ラテラルムーブメント）

スポーツにおける移動は、前後と左右、つまり縦（リニア）と横（ラテラル）という2つに大別することができます。上下の移動に関しては、リニアとラテラルの動きからz成分を強調して扱うことで説明することも可能になります。そこで大分類としてリニア、ラテラルの2つに整理します。

次に、三次元直交座標系から縦、横の要素を取り出して二次元の直交座標系をつくります。ある時点において身体の向いている方向に対してリニア（前後）とラテラル（左右）に分けます。この大別により移動するスキルについて整理して取り組むことができます。

リニアムーブメント（縦の移動動作）では、いかに力を縦への移動に対して効率的に使っていくかを求めていきます。

また、ラテラルムーブメント（横の移動動作）では、いかに力を横への移動に対して効率的に使っていくかを求めていきます。とくに速い移動能力を身につけるためには、このように明確な課題や目標をトレーニングプログラムに盛り込むことが有効です。

軸押し、軸倒し

スポーツの移動動作では力強く、速く、正確になどが求められます。それを可能にするためには「軸の傾き」や「軸への力の加え方」がとても重要になります。軸という言葉で一括りに表現していますが、身体は一本の軸のようにみえるフォーム（形）をしていても、その中には数多くの関節があり、セグメントの配列からなっています。軸に対してどこ

から力が加わるか、軸内にあるいくつものセグメントが変位することに力を使ってしまうと全体の移動に力が使われなくなります。これをリニア、ラテラルのムーブメントと照らし合わせながら、軸の傾かせ方や力の加え方を復習し直すことでスポーツ動作への理解が進みます。

走力向上のための
スピードトレーニング

スピード（速さ）のいろいろ

　スピードという言葉の概念は曖昧で、どのスピードを指しているのか混乱が生じることがあります。このことはスポーツの現場でもたびたび起こります。研究の世界では、直線の速さや加速度、方向転換を伴う動きの速さやその加速度、ラダーステップのような動作切り替えの速さ、認知反応の早さなどを区別して分析されています。最近では、スポーツの現場でもさまざまな種類のスピードの存在が認知されるようになり、トレーニング効果が上がってきています。スピードについてのコミュニケーションを取るときは、相手とどのスピードについて話をしているのか確認をし、行き違いが起こらないように注意することで、効果的に課題解決の道を進むことができるでしょう。

40ヤード走のタイムを縮める

　競技スポーツ全般に、走るスピードを高めるということは、競技に付帯する必要不可欠な条件（ルールや戦術など）を満たしつつ、限界まで高めることが求められます。では、球技系競技で重要視される短い直線距離40ヤード（約36m）の区間を、できる限り短い時間で走り抜ける

表8-1　世界陸上ベルリン大会100m決勝のスプリットタイム

split time[s]	Reaction time	t10	t20	t30	t40	t50	t60	t70	t80	t90	t100
Bolt	0.15	1.89	2.88	3.78	4.64	5.47	6.29	7.10	7.92	8.75	9.58
Powell	0.13	1.87	2.90	3.82	4.70	5.55	6.39	7.23	8.08	8.94	9.84

表8-2　世界陸上ベルリン大会100m決勝の区間疾走速度

Velocity[m/s]		V10	V20	V30	V40	V50	V60	V70	V80	V90	V100
Bolt		5.29	10.10	11.11	11.63	12.05	12.20	12.35	12.20	12.05	12.05
Powell		5.35	9.71	10.87	11.36	11.76	11.90	11.90	11.76	11.63	11.11

表8-3　世界陸上ベルリン大会100m決勝の区間タイム

interval time[s]	Reaction time	t0-10	t10-20	t20-30	t30-40	t40-50	t50-60	t60-70	t70-80	t80-90	t90-100
Bolt	0.15	1.74	0.99	0.90	0.86	0.83	0.82	0.81	0.82	0.83	0.83
Powell	0.13	1.74	1.03	1.03	0.88	0.85	0.84	0.84	0.85	0.86	0.90

表8-4　世界陸上ベルリン大会100m決勝の区間加速度

Acceleration[m/a^2]	a0-10	a10-20	a20-30	a30-40	a40-50	a50-60	a60-70	a70-80	a80-90	a90-100
Bolt	2.80	4.86	1.12	0.60	0.51	0.18	0.19	-0.18	-0.18	0.00
Powell	2.86	4.23	1.26	0.56	0.47	0.17	0.00	-0.16	-0.15	-0.58

ことを目標にしたトレーニングの一例を紹介します。

　まず、直線を最も速く走り抜ける陸上競技短距離種目の100mのレース分析から、40ヤード走の走りについて考えてみましょう。

加速度を上げる

　加速度は単位時間当たりの速度変化を示すものであり、ある速度からある速度へと1秒間にどれだけ速度が上がったかがわかります。つまりそれは速度を上げる能力と言い換えることもできます。そこで、2009年の世界陸上ベルリン大会の100m決勝レースにおける国際陸上競技連盟（IAAF）の報告をもとに作成したSplit time（s）、Velocity（m/s）、Interval time（s）、Acceleration（m/s²）を見てみます。

　世界を代表するスプリンターである、前世界記録保持者のアサファ・パウエル（Asafa Powell）選手、現世界記録保持者のウサイン・ボルト

（Usain St. Leo Bolt）選手2名の分析です。世界最速のスタートと呼ばれたパウエル選手のスタートと遜色なく、ボルト選手も好スタートを切っていることがわかります（表8-1）。両者ともに約12m/sまで最大速度が上がっています（表8-2）。表8-4の区間加速度を見ると、加速度が最大の区間は10〜20m区間であり、次いで0〜10m区間、20〜30m区間となっています。加速度が1.00を上回ったのはこの3区間だけであり、この大きな加速度変化のある3区間を加速局面前半、そして加速度1.00〜0.20程度の区間を加速局面後半として考えていきます。このように100m世界記録保持者、前記録保持者の2名のレース分析からもわかるように、40ヤード走でもトップスピードを高めるためには加速局面が大切になることがわかります。

40ヤード走の特徴

　40ヤード走の特徴はスターティングブロックなどを使用せず、両足と片手を地面についた3ポイントの姿勢から、速度0（ゼロ）のスタート、疾走距離は比較的短くゴールまでスピードを落とす必要がないことです。

　40ヤード走を伝統的に評価指標に用いるアメリカンフットボールでは、国内トップクラスの選手であれば40ヤード区間を加速し続けてゴールできることが求められ、ゴール直前でトップスピードが計測できるのが理想です。つまり、加速局面前半の加速度をどれだけ大きくできるか、加速局面前半の距離を伸ばせるか、早々にトップスピードに到達するのではなく加速局面後半をつくれるか、この3つがトップスピードを高めるための大きな課題となります。

40ヤード走の加速局面の特徴

　加速局面前半の特徴はおおまかに2つ、1つ目は速度0（ゼロ）からのスタート（3ポイント）、2つ目は前傾姿勢（軸）が深いこと。加速

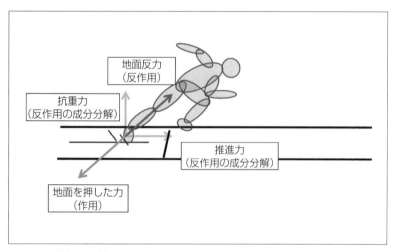

図8-1　前傾角と地面反力、その分力

局面後半に入ると、1つ目は速度が上がり、2つ目は軸が起こされ前傾姿勢が浅くなることです。

　速度が速くなればなるほど、そこから速度を上げることは難しくなるので、大切になるのがスタートです。スタートは速度0の状態であること、スタート姿勢、力の加え方など比較的強化に取り組みやすい状況（局面）です。またスタートで速度を高めることができなければゴール地点までに速度を上げる余裕はなく、気がつけば能力を出し切ることなく走り終わってしまいます。

　次に大切になるのが、適切な前傾角の維持（図8-1）。前傾角を保つには脳-神経系の制御能力や身体を支える筋力、軸を加速させるために必要な力発揮の向き、大きな地面反力のバランスが要求されます。

　これらの課題解決に向けた取り組みには、大きく分けて2つの方法があります。1つ目が前傾角を保ちながら左右の素早い脚の切り替え動作を行うこと。2つ目が前傾角を保ちながら脚伸展を強く大きなストロークで行うこと。この取り組みはピッチとストライドの強化と言い換えることもできます。

　加速局面後半に入ると、ある程度速い速度を保ったところから、さらに速度を高めることを意識します。前傾角が浅くなることは前述しまし

たが、速度が速くなることでストライドも大きくなり、同時に地面から離れている離地時間も長くなります。離地時間が速度の増加とともに長くなっても、焦って接地するのではなく地面を捉えるタイミングを獲得していきます。

スタート姿勢をつくる

　40ヤード走のスタートは、3ポイントスタートと呼ばれる両足、片手をついたスタートです（写真8-1）。

　3ポイントスタートでは手を地面につくことができるので、股関節の屈曲角度は大きくなり、股関節の柔軟性が不足している選手は代償動作により頭－脊柱－骨盤のラインが曲がってしまい、効果的に力を伝えることができなくなります。その場合には、股関節の柔軟性を高めるトレーニングを取り入れていきます。また柔軟性を獲得するまでの間は、手と足のセット距離を長くして股関節屈曲角度を浅くすることもあります。このような矯正に加えて、股関節の柔軟性を獲得するために、バイラテラル（両側性）の種目、ユニラテラル（片側性）の種目を組み合わせて、自重もしくはウェイトを使ったトレーニングを実施します。柔軟性を高めるためには、普段の疲労回復のストレッチを行う感覚ではなく、身体づくりの一環として取り組む意識が大切です。

写真8-1　3ポイントスタート

セットアップからトリプルエクステンション

　下肢には股関節、膝関節、足関節という3つの重要な関節があり、この3つの関節をタイミングよく伸展することで、重心に対して、効率的に大きな力を伝えることができます。このような下肢三関節の伸展をトリプルエクステンション（3E）と呼び、反対に下肢三関節の屈曲をトリプルフレクション（3F）と呼びます。スタートのセットアップを完了すれば、いよいよスタートです。

　スタートでは3Eをうまく使い、一気に重心に力を加えていきます（写真8-2）。重心に力を作用させることで、身体は移動を開始します。そこで軸の傾きを維持することや無駄なく力強く3Eをすることをトレーニングします。表8-5は3E、3Fの基礎能力を高めるエクササイズの一例です。走りながらのトレーニングではなかなか動きの技術が習得できない場合には、重量を軽くするなどの工夫をしてウェイトルームで

写真8-2　スタートからのトリプルエクステンション（3E）

表8-5　トリプルエクステンション（3E）とトリプルフレクション（3F）強化のウェイトトレーニングの一例

バイラテラル	ストレングス	フロントスクワット、バックスクワット、リバースグリップスクワット、オーバーヘッドスクワットなど
ユニラテラル	ストレングス	スプリットスクワット、リバースグリップスプリットスクワット、テールレッグスライドなど
バイラテラル	パワー	スクワットジャンプ、スナッチ、クリーンなど
ユニラテラル	パワー	ケーブルスクワットロウ、スライドボードなど

の走力向上のためのトレーニングを行っていきます。

単なるフィールド上でのトレーニング、ウェイトルームでのトレーニングということではなく、目標に向けてのコンセプトを持ったトレーニングであることを指導する際には意識します。

フィールドにおけるスピードトレーニングでは、軸の傾きをコントロールしたうえで、ピッチとストライドを強化し、トップスピードを向上させていきます。身体の軸と地面反力の受け方ひとつで、重心を移動させる効率が変わり、また、軸の傾きによって推進力や抗重力にも変化が出ます。このように、加速局面の前半と後半では身体に起きている物理現象には変化が出てきます。それを考慮しながら走りのコンセプトを組み立てていきます。

表8-6には、フィールドトレーニングの組み立てに使う要素のうち、「軸の傾き」と「重心移動速度」の2つを取り上げました。プログラムを作成するにあたり、必要な要素からエクササイズを選ぶ、もしくはエクササイズをつくるということを考えてみるのも大切なことです。もちろん紹介した2つの要素以外にも必要な要素はたくさんあります。また一例で示したエクササイズも状況により要素が変化することもあります。

たとえば、マウンテンクライマーの傾きを緩くなるように設定して行っていても、走る傾きの角度を急にしていくためにマウンテンクライマーの角度を変えて行うこともあります。エクササイズの特徴は一問一答のように覚えるだけではなく、必要な要素に合わせてマイナーチェンジしたエクササイズを用いることも大切になります。

表8-6 フィールドにおけるスピードトレーニングの一例

軸の傾き	重心の速度変化	エクササイズ
1	—	マウンテンクライマー
2	—	ウォールドリル
3	遅い	ラダードリル
4	やや遅い	ステッピングドリル
5	やや遅い	レジスティッドドリル
6	普通	砂浜ドリル
7	速い	3ポイントスタート10ヤード
※傾きは1<7で、傾きが急になる		

トレーニングプログラム全体を通して、どのような走りのコンセプトを実現していくのかに合わせながら、エクササイズの持つ特徴と選手の状況を分析して組み立てることで、よい結果を生むことが多々あります。

指導者の方へ理解を呼びかける

　走力が遺伝などの先天的要因だけに依存していないことを理解していただきたいです。ほとんどの技術や体力は後天的に身につけていくものです。トレーニングプログラムの作成を担当者だけでなく、チーム全体で走力は高まるものだという共通の認識と、共通の体験を重ねることがスピードトレーニングの礎となります。そのために多く時間をかけることは、長い目でみると効果的であり、飛躍して表現すれば、それもスピードトレーニングのプログラムデザインなのかもしれません。

アジリティ(敏捷性)向上のためのトレーニング

　ここではアジリティとは何のスピードなのか、アジリティの構成要素は何かを知ることで、どのようなことをコーチングしていくのかに着目していきます。

アジリティとは

　NSCA(National Strength and Conditioning Association：全米ストレングス&コンディショニング協会)では、アジリティ能力を「運動速度、運動様式を爆発的に変化させるためのスキルと能力」としています。近年の研究ではアジリティ能力について、刺激に対する反応の観点も盛り込み「アジリティとは、素早い刺激に対する反応や素早い方向転換を行う全身運動能力(Sheppard, 2006)」としたものもあります。刺激に対する反応をアジリティに含めるかどうかの議論はまだ続いていますが、本書では反応も含めた「全身の爆発的方向転換能力」として扱っていきます。

スポーツにおけるアジリティの重要性

　競技スポーツ、とくにチームで行う対人競技、ラグビー、サッカーな

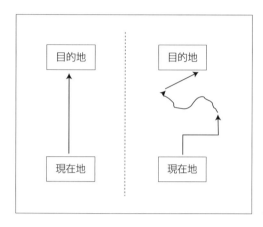

図9-1　移動の形態

どのゲームで勝利するためには、相手よりもスピード能力が高いことがゲーム展開に有利に働くため、スピードのある選手を募集することや、集まった選手のスピード能力を強化することは重要です。陸上競技短距離種目100mのように、直線のみの移動は稀で、ほとんどの競技では方向転換を伴いながら、A地点からB地点へ最速で移動します（図9-1）。

なぜ目的地点まで移動するのに方向転換を伴うのか、それは攻撃と守備に分かれて争う競技のゲーム特性にあります。攻めと守りの選手は相手よりも方向転換する能力が高いことで、直線スピードの差を一瞬でカバーすることもできます。むしろ、大きなアドバンテージさえ持つことも可能です。加えて成熟したアスリートの場合、直線スピードを0.1秒速くする努力と方向転換を0.1秒早める努力に対する費用対効果（努力対効果）は、方向転換する能力を高めるほうが試合の勝敗につながりやすいといわれています。しかし忘れてはならないのは、直線のスピード能力が高いということは、相手選手にとって常に大きな脅威を与える不可欠な能力であることも強調しておきます。

アジリティは複合能力

ヤング（Warren Young）らは、アジリティを認知判断因子と方向転換速度の2つに大別し、それぞれを構成する因子を示しました（図

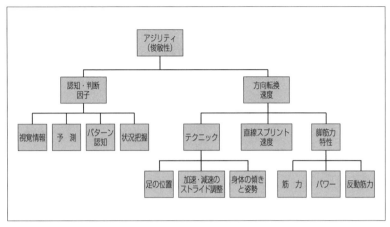

図9-2　アジリティの構成要素（Young, 2002）

9-2）。そのためアジリティを高めるということは、それぞれの因子を向上させるように鍛えていくことと言い換えることもできます。近年の研究で、研究者によって分解した下層の因子は異なる場合もあります。大別された2つの因子を達成するために、このほかにもどのような因子が潜んでいるか、現場レベルでも測定や検証を繰り返しながら、潜んでいる因子を発見して、トレーニング効果を検証し、高めていきたいものです。

アジリティドリルを効果的トレーニングにする

　アジリティを高めるトレーニングとして、いろいろなところでいくつものドリルが紹介されています。書籍やインターネットを活用すれば無数のドリルに簡単に出会うことができます。一方で、一定以上のトレーニングを積んだチームでは、アジリティドリルの効力の伸びが低迷することがあります。その原因のひとつには、アジリティは複合的な能力であることに気がつかず、アジリティを高めるための目標設定や条件づけ、コーチングキューがドリル中に反映されていないことです。
　ここで留意したいのは、トレーニング指導においてアジリティドリル

そのものが速くなることだけを目標にしないように導くことです。質の高いアジリティドリルの実践がなされていないと感じたとき、トレーニング指導者はその障害になっている因子を鍛えるドリルを提供します。また、方向転換速度を速めるテクニックについて、多くの選手たちは具体的なコーチングキューなしに習得することはできません。実施しているアジリティドリルの効果を知るために、定期的に同じアジリティドリルを実施して効果の違いを分析したり、具体的な測定をしてみることも有効です。それらはアジリティトレーニングを効果的にプログレッションさせていくことに役立ちます。

アジリティドリルのプログレッション

　これまでに述べてきたように、状態を見極めたトレーニング処方が重要になります。ではどのようにアジリティドリルをプログレッション（発展）させていけばよいのでしょうか。ここで考え方の一例を紹介します。

　「移動方向の数」「方向転換の回数」「速度の程度」「スタート姿勢」「移動距離」「実施時間」「認知反応」、これらを考慮に入れて組み立てていきます。たとえば、図9-3のプロアジリティドリルは、前後方向のみを使用、方向転換回数を2回、最大速度は低速、スタート姿勢2ポイント、移動距離20m、実施時間約4〜6秒です。プロアジリティドリル

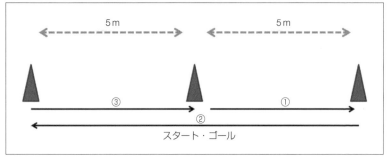

図9-3　プロアジリティドリル（5m-10m-5m）

TJ Special File
月刊トレーニング・ジャーナルの連載記事を単行本化

TJ Special File 1
エクセレント・コーチング
宮村 淳 編 ●定価1,650円 (本体1,500+税10%)

TJ Special File 2
リスクトレーニング
ハラルド・ポルスター 著 綿引勝美 訳 ●定価1,980円 (本体1,800+税10%)

TJ Special File 3
「子どもの世紀」へのプレゼント
子どものからだと心・連絡会議 編著、ベン・サルチン・正木健雄 著 ●定価1,375円 (本体1,250+税10%)

TJ Special File 4
考えて食べる! 実践・食事トレーニング
奈良典子 著 ●定価1,650円 (本体1,500+税10%)

TJ Special File 5
スポーツ現場で知っておきたい 薬の話
原田知子 著 ●定価2,200円 (本体2,000+税10%)

TJ Special File 6
姿勢チェックから始める
コンディショニング改善エクササイズ
弘田雄士 著 ●定価1,760円 (本体1,600+税10%)

TJ Special File 7
やめろと言わない禁煙指導
多田久剛 著 ●定価1,100円 (本体1,000+税10%)

TJ Special File 8
トレーニングを学ぶ 体育授業における理論と実践 [改訂版]
下嶽進一郎 編著 ●定価1,870円 (本体1,700+税10%)

TJ Special File 9
スポーツ医科学トピックス1
川田茂雄 著 ●定価1,760円 (本体1,600+税10%)

TJ Special File 10
身体言葉（からだことば）に学ぶ知恵1
辻田浩志 著 ●定価1,760円 (本体1,600+税10%)

TJ Special File 11
選手の膝をケガから守る チームで取り組む傷害予防トレーニング
大見頼一 編著 ●定価1,760円 (本体1,600+税10%)

TJ Special File 12
スポーツ現場の傷害調査 ケガの予防につなげるための取り組み
砂川憲彦 著 ●定価1,100円 (本体1,000+税10%)

TJ Special File 13
ムーブメントスキルを高める これなら伝わる、動きづくりのトレーニング
朝倉全紀 監修 勝原竜太 著 ●定価1,210円 (本体1,100+税10%)

TJ Special File 14
コンディショニングTips[前編] スポーツ選手の可能性を引き出すヒント集
大塚 潔 著 [対談] 中村千秋 ●定価1,760円 (本体1,600+税10%)

TJ Special File 15
コンディショニングTips[後編] スポーツ選手の可能性を引き出すヒント集
大塚 潔 著 ●定価1,540円 (本体1,400+税10%)

TJ Special File
月刊トレーニング・ジャーナルの連載記事を単行本化

TJ Special File 16
米国アスレティックトレーニング教育の今
阿部(平石)さゆり 著　●定価1,650円（本体1,500+税10%）

TJ Special File 17
ケトルベルトレーニング　入門からギレヴォイスポーツ(競技)まで
後藤俊一 著　●定価1,760円（本体1,600+税10%）

TJ Special File 18
スポーツ医科学トピックス2
川田茂雄 著　●定価1,760円（本体1,600+税10%）

TJ Special File 19
コンディショニングテーピング　評価に基づき 機能を補う
古石隆文 著　●定価1,320円（本体1,200+税10%）

TJ Special File 20
スポーツ医学検定練習問題集1　3級・2級（各74問）
一般社団法人 日本スポーツ医学検定機構 著　●定価1,650円（本体1,500+税10%）

TJ Special File 21
初めての骨折　マッサージ師が経験した「動き」と「痛み」の体験記
沓脱正計 著　●定価1,100円（本体1,000+税10%）

TJ Special File 22
パフォーマンステストとは何であるのか　スポーツ選手のためのリハビリテーションを考える(1)
スポーツ選手のためのリハビリテーション研究会 編　●定価1,980円（本体1,800+税10%）

TJ Special File 23
投球障害からの復帰と再受傷予防のために
牛島詳力 著　●定価1,650円（本体1,500+税10%）

TJ Special File 24
スポーツ医科学トピックス3
川田茂雄 著　●定価1,760円（本体1,600+税10%）

TJ Special File 25
スポーツパフォーマンス分析への招待
勝利の秘密を読み解く、もう1つの視点
橘 肇 著　中川 昭監修　●定価2,200円（本体2,000円+税10%）

TJ Special File 26
サッカー選手のためのプライオメトリクス
エビデンス紹介と実践例
松田繁樹、内田裕希 著　●定価1,650円（本体1,500+税10%）

TJ Special File 27
スポーツにおける呼吸筋トレーニング
山地啓司、山本正彦、田平一行 編著　●定価1,650円（本体1,500+税10%）

▼お問い合わせ・ご注文は下記まで

ブックハウス・エイチディ　〒164-8604　東京都中野区弥生町1-30-17

電話 **03-3372-6251**　FAX **03-3372-6250**
e-mail bhhd@mxd.mesh.ne.jp　http://www.bookhousehd.com

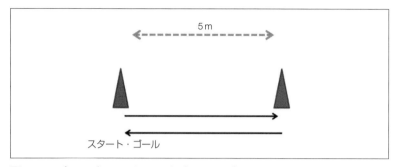

図9-4　プロアジリティドリル改（5m-5m）

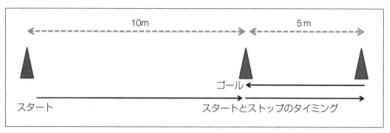

図9-5　505ドリル（10m-5m）

をアレンジして片道分（5m-5m）だけに設定することで、最大速度を低下させ（最大努力は変わらない）、減速のテクニックを簡単にすることができます（図9-4）。この利点は方向転換のテクニックに集中しやすいことです。

図9-5の505ドリルのように、方向転換の回数を1回、移動距離を20m（15m-5m）、実施時間約4～5秒として難易度を上げることで、10mの加速からの方向転換速度へと課題を与えます。これにより加速-減速のストライド調整などのテクニックを強調していきます。

さらに難度を上げて、Lコーン（3コーン）ドリル（図9-6）などのアプリケーション（応用）ドリルへと発展させます。

アジリティドリルにおいて基礎的な能力を鍛えるには、できるだけシンプルなものを選択します。基礎から上積みをしていく場合、前後、左右を組み合わせたり、方向転換の回数を複数回にして進めます。アプリケーションドリルとして、競技そのもので要求されるスピードに近づけ

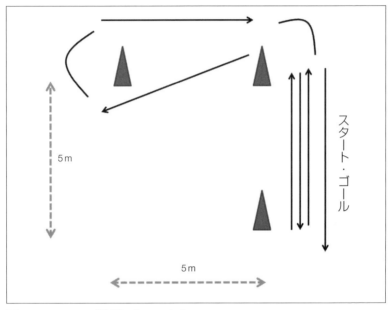

図9-6　Lコーンドリル（3コーン）

ながら難易度を上げていきます。

　これらのアジリティドリルのプログレッション（発展）が成果をあげたかどうか、試合を観察して分析する必要があります。それはドリルへの慣れだけでは、ドリル内のタイムが向上しても試合に反映されないことがあるからです。各アジリティドリルでアジリティの構成因子を鍛え、試合でその因子の向上がアジリティの能力として成果をあげるようにコーチングしていくことが大切です。そのために観察、分析、検証を繰り返しながら、アジリティトレーニングの効果を高める工夫をすることが重要です。

アジリティ構成因子「テクニック」

　図9-2に示したヤングの考えるテクニック因子は「足の位置」「ストライド調整」「身体の傾きと姿勢」でした。ムーブメントスキルがここ

で関係してきます。物理学の知識や概念を紹介してきた理由のひとつに、無数にあるドリルの中の一局面でどのようなテクニックを指導していくかにつながるからです。

テクニックの因子である「足の位置」や「ストライド調整」「身体の傾きと姿勢」は、基底面（Base of Support）、シンアングル（Shin Angle）、重心（Center of Gravity）、姿勢（Posture）などから考えることができます。トレーニング指導者は、このようなテクニックの指導をしなければ、成果を上げ続けることはできません。

指導者のこれらに対する理解を助ける概念として「S・V・G」を紹介してきました。各項目を見比べながら、つながりを考えてみることもトレーニング指導、スポーツ動作の理解の一助となるはずです。

アジリティトレーニングに取り組む心構え

アジリティトレーニングでとても重要なことは、選手が課題を理解して、ドリルにつけられた条件の中で最速を表現することです。そのためには、最大努力をすることを大前提として、課題を意識して取り組む必要があります。

そこでトレーニング指導者の質の評価や、測定機材による定量評価、選手による分析を試みてください。環境的に全てを行うことはできませんが、選手には1つひとつできることをやり切る、やり切ったらもう1つ増やしてやり切るという心構えで取り組んでいけば、きっとアジリティトレーニングを通して、自分の行うスポーツへの理解も深まっていくことに気がつくはずです。

事例報告 **1**

ジャンプ力向上のためのトレーニング

執筆／酒井崇宏・明治大学バスケットボール部S&Cコーチ

ジャンプ力とは

　ジャンプ力も移動能力の一種です。移動とはA地点からB地点へと移ることですが、ジャンプ力では1回の動作で、もしくは複数回の動作でどのくらい移動できるかという能力です。ニュートンの法則から物体は与えられた力の大きさに比例し、力の方向に作用することがわかります。つまりジャンプ力とは、重心（身体重心）に対して力を作用させ、どのくらい移動できるかということです。測定項目としては、跳躍高や跳躍距離、跳躍姿勢などを評価するのが一般的です。

　地面から離地後に身体に作用する力はほぼ重力のみと考えることもできるため、ジャンプ力は初速度と傾きという要素によって評価することもできます。

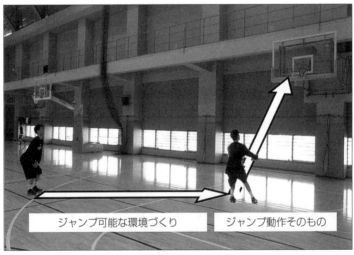

写真1　リングジャンプ（メイン課題とサブ課題）

広義のジャンプ力

　ジャンプ力は量的なデータとして示しやすく、その量的データも数多く検証されてきました。ではジャンプ力は「高さ」や「距離」だけで考えていてもよいのでしょうか。この提案は、スポーツのようにルールがあり、勝ち負けがあるものに適していると考えています。それは、質的な評価はジャンプ動作前後のプレーとのつながりに対する評価となるからです。

　たとえば、バスケットボールの試合を見ると「強いジャンプ」というものを感じることがあります。ジャンプ動作は、多くの指導者や選手に、その戦略的目的に対して「早い、強い」などの言葉で形容されています。これらは「早く、強く」行うことが、戦略的目的に対し有利な状態をつくり出すことから評価されたのです。つまりそれは選択的に高めるべき能力であると考えることができます。

　「早い」ということが相手とタイミングをずらして跳ぶことを指すのであれば、それは先に空間を支配することにつながり、制空権を握ることにもつながります。「強い」ということが身体の剛性の高い状態を指すのであれば、妨害する相手とのコンタクトに耐えて制空権を握ることにもつながります。

　これら以外にもジャンプを形容する言葉は戦略的目的によっていくつも存在し、それら形容する言葉の持つ状況をつくり出す能力も、広義ではジャンプ力と捉えてトレーニングするべきではないでしょうか。チームの強化方針や戦略プランに沿って、これら広義のジャンプ力もトレーニング計画に組み込みます。このような計画によって、試合中のジャンプ力を継続的に成長させていきます。

　このようにジャンプ力を構成する要素を合目的に組み合わせて高めていくことで、総合的なジャンプ力の向上は達成できるはずです。

ジャンプ動作の前に

　選手にとってジャンプとは戦略的目的を達成するためのひとつの動作です。体力測定で「非常に優れた」ジャンプ力を持っている選手でも、試合の条件下で優れたジャンプパフォーマンスが行えないのであれば、試合で活躍する選手にはなれません。

　対人競技においてはジャンプをする以前に「ジャンプ可能な環境をつ

くり出す」という考え方が必要になります。前述の「ジャンプを形容する言葉」の要素は、この「ジャンプ可能な環境をつくり出す」ということにも含まれています。

　たとえば、バスケットボールのオフェンスを例に挙げれば、速いカッティングや強いコンタクトなどで相手との関係を有利に運び、ジャンプができる環境を相手に与えず自ら得ることです。それらがなければ試合で優れたジャンプパフォーマンスを発揮できず、合目的なジャンプ力としては低いパフォーマンスとなります。つまり「ジャンプ可能な環境をつくり出す」過程とジャンプ動作が連動しなければ、どれだけ優れた「ジャンプ動作」でも使いものになりません。

ジャンプを形容する言葉

　ジャンプにおける重心移動の軌跡は、重心に与えた力の大きさと方向により決定されます。離地後は身体に大きな力を作用させることができないため、空中での動作は跳び出し時に定められた運動の軌跡の中で行われなければなりません。空中でコンタクトによる外力が加わる場合、それにより戦略的に有利な状況を失うことなくプレーできる能力が求められます。当然、外力を受けた後に不利な状況に陥ると連続的なプレーでは劣勢となります。

　つまり、対人競技において高さで勝てない相手に対し、コンタクト動作などを通じて戦略的に有利な状況をつくることは、「ジャンプの高さ」によって生じる差を「強さ」で補い、総合的なジャンプ力で勝つことにつながります。また同様の考え方で、着地動作をジャンプ動作の終わりではなく、連続する動作の始まりとして機能させることができるのならば、その「速さ」が向上することで、総合的なジャンプ力として相手よりも優勢になるでしょう。

　ジャンプがプレー全体のどの部分に存在するのかを分析し、「ジャンプ動作」とその前後のプレーの要素を連動させて、トレーニングプログラムのデザインをすることが、試合におけるジャンプパフォーマンス養成に役立ちます。

ジャンプ力のプログラムデザイン

　プログラムを考えるにあたって「ジャンプ動作そのもの」や「ジャン

写真2　リングジャンプ（左：片足踏み切り、右：両足踏み切り）

プ可能な環境をつくり出すこと」「ジャンプ後の目的動作」などを課題として設定します。たとえば、バスケットボールにはリングジャンプというトレーニングがあります（写真1、2）。助走をつけてゴールリングに向かってジャンプするというものです。このトレーニングではリングに向かって最大努力でジャンプすることをメイン課題、助走をサブ課題とします。最初に設定するサブ課題は、3ポイントラインからリングまでの歩数を最小化し、移動速度を上げることです。2つの課題設定（メイン、サブ）によって、最終ゴールの最大跳躍高へ向けて、リング下までの移動速度を高めることを目標にします。

　また、この2つの課題のメインとサブを入れ替えると、リング下までの移動速度を最大にした状態で可能な最大跳躍高を目指すことになります。陸上競技の高跳び種目のような跳躍高を競うものでは、助走は最高のジャンプを達成する速度で行います。この場合はジャンプの目的が高さであるため、助走はジャンプを最大化させるために合目的に行います。しかし対人競技において、助走は対戦相手との関係を決定する要因ともなります。つまりそのような条件を満たす助走で「最大跳躍高のジャンプ」を行えるようにする必要があるのです。このように条件（課

写真3　メディシンボール・ブロードジャンプ

題）を与え、助走もジャンプも合目的に能力を磨くことで、試合におけるジャンプパフォーマンスの養成を行います。

　ジャンプが行われる局面は無限に考えられ、対人競技であれば最終的に相手が存在する中でトレーニングする必要もあるでしょう。言い換えれば最も合目的なジャンプトレーニングとは、試合の中で相手との関係性を争い、最大の高さを達成することかもしれません。そして、その中でのジャンプが適切に行われるよう大局的な見方から部分的な「ジャンプそのもの」「ジャンプ可能な環境をつくり出すこと」などをトレーニングすることができれば、ジャンプ力は競技を通じて伸ばすことが可能になるのではないでしょうか。

　ウォーミングアップの中でもジャンプトレーニング（写真3）を指導する意図はここにあります。練習の準備段階においてジャンプの意識づけを行うことができれば、練習全体がジャンプトレーニングとしての要素を含むことができるのです。

技術の連鎖の中で磨く

　映画の登場人物が、物語が語られることで何者か明らかにされるよう

に、断片はある文脈において初めて意味を持ちます。スポーツにおいても、断片的な技術は、競技全体のどの文脈に含まれるのかを意識しなければ、ほとんど効果のない技術になりかねません。独立した技術が、それを活かす別の技術なしに目的を果たせないのであれば、あらゆる技術の連鎖の中で磨く必要があります。

　人間の基本動作を身体スキル（技術）として定義することの意味は、ここに存在するのではないかと考えています。技術という言葉で、関節運動から競技動作まで連続的に発展させることは、技術を技術で磨くことを可能にします。ここでは技術を「ジャンプ」という言葉に置き換え考察を試みましたが、あらゆる技術は根底では同じ形をとっているのです。

　これこそがムーブメントスキルのトレーニングを通じて伝えられる身体の普遍性なのではないかと思います。

10

筋力とムーブメントスキル

筋力

　多くの研究論文に目を通すと「筋力」とはある物体の「仕事量（W）」を指し、その仕事を定義することから始まります。その定義された仕事を行うために、関節などの運動について測定方法を定めています。論文を読むときや書くときは、筋力とはどのような仕事量のことを定めたものか留意します。多くの文献では、関節運動の代表的な仕事を取り上げて論述されることが多いからです。では、専門家の論文などで論述される筋力以外の一般的な筋力とはどのように考えられているのでしょうか。たとえば漢字の読み通りに「筋の力」となり、「筋肉の力」「筋肉の強さ」という解釈になったりするのかもしれません。それでは仕事量が文字通りの「筋肉の力」なのか少し整理してみます。

筋の解剖

　筋は顕微鏡で観察すると、ミオシンフィラメントとアクチンフィラメントが交互に規則正しく並んだ縞模様に見えます。筋の最小収縮単位として知られるサルコメア（筋節）も、このミオシンフィラメントとアクチンフィラメントのクロスブリッジ構造から収縮するといわれていま

72

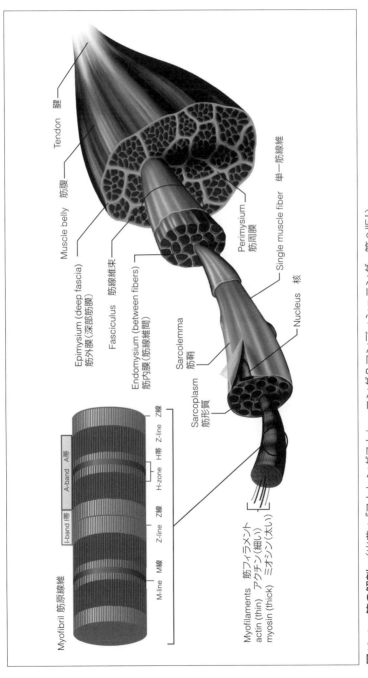

図10-1 筋の解剖（出典:『ストレングストレーニング&コンディショニング 第3版』）

す。サルコメアが縦に積み重なり、筋原線維となり、その筋原線維が積み重なって筋線維となります。筋線維は肉眼で見える1つの筋の端から端まで伸びる長大な細胞です。この筋線維が結合組織で包まれて束になると筋束となり、さらに筋束を束にしたものが「いわゆる筋肉」になります（図10-1）。

筋の収縮

　サルコメアのミオシンフィラメントとアクチンフィラメントは収縮しても長さは変わらず、アクチンフィラメントの滑り込み現象により、筋は収縮しているとされています（筋の滑走説、図10-2）。この際に、サルコメア全体の長さと収縮力は図10-3にある通り変化します。長さが短くても、長くても収縮力は弱まり、生体長のときに収縮力が最大になるとされています。

　筋線維1本1本の収縮は全か無かの法則に従い、収縮したときの力の大きさは一定です。しかし、実際に重いものを持ち上げるときに出力さ

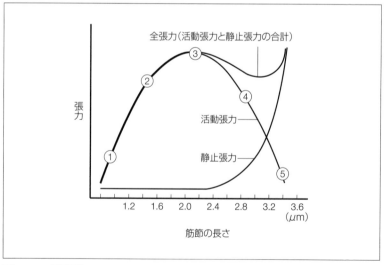

図10-2　滑走説

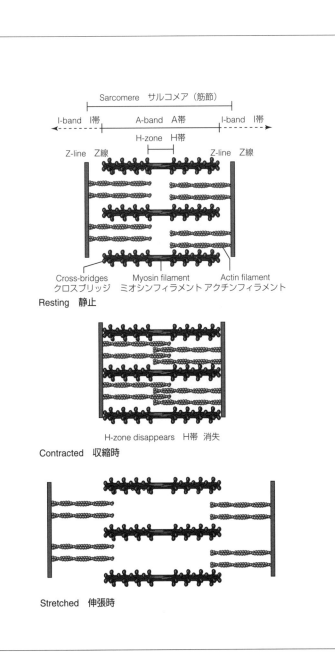

図10-3　サルコメアの長さと収縮力（出典：『ストレングストレーニング＆コンディショニング　第3版』）

れる力の大きさは一定ではありません。これは出力される力の大きさは
動員される筋線維の数で調節されるからです。筋線維は線維ごとに閾値
が異なり、刺激が弱ければ閾値の低い筋線維のみが興奮・収縮するため
全体として小さな力が発生し、刺激が強くなるにつれて動員される筋線
維の数が増え、より大きな力が発生するようになります。

いわゆる筋力

　筋線維の収縮力について整理をしましたが、ここからもわかるように
サルコメアの積み重なる方向に対して力が働くことがわかります。そこ
で羽状筋のように羽状角と呼ばれる筋線維の角度の変化が最終的な出力
に関係していることもわかります。また筋の起始・停止が骨のどの位置
であるのか、関節をまたいで筋が付着する場合、それらの位置関係によ
って回転のしやすさが物理的に決まることもあります。

　つまり上述のような要素を考慮し、身体のセグメントを運動させて最
終的な仕事を最大化するために、関節の運動をコーディネートすること
になります。サルコメアの収縮能力が同じであっても、見かけの「いわ
ゆる筋力」が異なっていくことが、ここからわかります。

筋力と仕事

　定義された仕事に対する大きさが仕事量となり、この仕事量を筋力と
呼んでいます。それは身体が発揮した総合的な力を表しています。

　総合的な力とは、

①筋の収縮力そのもの
②複数の筋線維や筋のコーディネーション能力
③筋によって可動・固定をする関節の能力
④定められた仕事を最大化するために複数の関節をコーディネートする
　能力

のことです。

　仕事量を高めていくこととは、筋原線維の増大によって筋の収縮力を増やし、コーディネートする技術を脳 - 神経系に蓄えていくことだとも言い換えられるかもしれません。

パワーとは

　筋力の理解をもとにパワーについて考えてみます。パワーとは「単位時間当たりの仕事量（仕事率）」と表すことができます。筋力として定められた仕事量を時間で割った数量となります。つまり、ある一定の時間の間にどれだけ仕事をしたのかを表すことができます（毎秒など）。これによりほかの関節と比較したり、ほかの人と比較したりすることが可能になります。

ムーブメントスキルと筋力

　第1章でスキルピラミッドという概念図を紹介しました。そこには「身体スキル」「ムーブメントスキル」「競技スキル」というスキルの階層性があります。「いわゆる筋力」も、筋線維の収縮力 + 技術（スキル）ということがわかります。筋力にはそれぞれに定められた仕事があり、その仕事を最大化または最適化するために、全身の、全能力をコーディネートさせていくことになります。すると、筋力を鍛えるエクササイズにも、それぞれ仕事が定められていることに気がつきます。それゆえ、スポーツ場面で最大化したい仕事（スポーツパフォーマンス）のために、エクササイズは組み立てられていきます。

　トレーニング指導者から「身体の基礎力をトレーニングする」とリクエストされた場合、全身の各関節の持つ能力を高めるように設定されたエクササイズと、それらを組み合わせたプログラムを受け取ることになります。「いわゆる筋力」トレーニングを通じて獲得できる能力はとても多くあることが理解できます。しかしながら、「いわゆる筋力」トレ

ーニングが筋線維を太くしたいというアイディアでのみ行われると、エクササイズとその組み合わせは、そのアイディアに従い、身体の基礎力をバランスよく高めることはできません。

　たとえば、上肢の筋力といえばベンチプレス測定の値だからといって、この値が高まるトレーニングとしてベンチプレスばかり行う選手には、何を目標にトレーニングをしているのかを確認させなくてはなりません。このような選手のトレーニング指導者は取り組む目標と、その方向性を共有する必要があります。

　トレーニング指導とは「プログラムを提供すること」ともいえますが、本来は「目標を達成すること」を手助けすることであり、その目標に対する方法論のひとつとしてトレーニングプログラムが存在しているのです。スキルの階層性の理解が進むことで、室内でのウェイトトレーニングとフィールドトレーニングの考え方がつながり、それら２つのトレーニングが練習へとつながっていきます。

　トレーニング指導者はコーチや選手たちの実現したいパフォーマンスを理解することで競技スキルそのものに対して言及することもあります。しかし、コーチや選手の実現したい戦術や競技スキルへの理解なしに、これを行うことはありません。あくまでもスポーツ医科学の視点を持ちトレーニングプログラムをコーチや選手へ届け、ディスカッションしていくことが大切です。それに従い、トレーニング指導者は効率的に階層的な能力獲得の方法を提案することができます。また、そのようなことができるということを、選手やコーチに理解してもらうことで、トレーニング指導者の最大の目標である、クライアント（チームや選手など）の目的を実現することにつながります。

事例報告 **2**

ビッグスリーの挙上重量を徹底的に向上させる

執筆／木下進人・アサヒ飲料チャレンジャーズヘッドS&Cコーチ

ビッグスリーとは

　通称ビッグスリーと呼ばれる「ベンチプレス」「スクワット」「デッドリフト」のトレーニング3種目があります（写真1、2、3）。ビッグスリーはパワーリフティングの競技種目としても知られています。最新のエクササイズが数多く紹介される中、いまだに多くのトレーニング指導者がこの伝統的なエクササイズの挙上重量を向上させることで、傷害予防やパフォーマンスアップの土台づくりへと役立てています。ではビッグスリーの挙上重量を向上させるうえで実施していることを紹介します。

ビッグスリーの特徴

　ビッグスリーの特徴はウェイトリフティング（スナッチ、クリーン＆ジャーク）などに比べて、挙上動作がシンプルであり、たくさんの筋肉を動員することで高重量を扱えることです。それはパワーリフティングのトップクラス選手の3種目のトータル重量が1トン近くにもなることからもわかります（IPFノーギア公式記録より）。

　このように挙上重量が大きくなりやすい種目の利点は、成果を実感しやすいことです。これら重量の変化を表やグラフに表すことで、選手はより成果を実感しやすくなります。挙上重量の数値的変化は、トレーニング継続のモチベーションにつながり、各エクササイズに対する目標設定に明確な指針としても役立ちます。しかし、数値にモチベーションを持たせるだけではいけません。トレーニング指導者は、この数値向上のプロセスには、エクササイズを通して身につくさまざまな要素の存在があることを選手たちに伝えることが必要です。

動きを鍛える

　ビッグスリーのタスクに対して、筋肉がより効率的に力を発揮するためには、主動筋以外の筋肉やそれらの働きが土台にあります。言い換え

写真1　ベンチプレス　　　写真2　スクワット

ると、主動筋の働きがタスクに作用できるように、主動筋以外の筋肉のコーディネーションを鍛えていくことになります。体幹部は脊柱を中心に構造を支えています。この脊柱を中心に各筋肉が作用することで構造強度が保たれています。

　主動筋以外の筋肉の働きとしても、体幹部の筋肉の強化やコーディネーションが大切になります。たとえば、ビッグスリーのスクワットに焦点を当てると、下肢三関節の屈曲 – 伸展の動きを鍛えることになります。しかし、この動きのために必要な体幹部の能力が低いと、さまざまな代償動作が生じて動きを調整してしまいます。その代償動作の結果、下肢三関節の屈曲 – 伸展のタイミングを狂わせていることもあります。

　このような場合には、スクワットを通じて体幹部の構造強度を高めていく工夫も加えます。各関節の動きに応じて、全体の中では支えるべき部位と可動すべき部位が存在することにより、パワフルな力発揮が行われています。ビッグスリーの動きがシンプルであることが上記のエラーをわかりやすくしています。また、シンプルさだけでなく外力を加えることでさらにエラー（代償動作）がわかりやすくなります。各部位がパワフルに出力するためには、それ以上にパワフルに支える部位も必要になるため、姿勢を支えた状態で行うエクササイズは、主動筋の筋肉のみ

写真3　デッドリフト

ならず力を発揮するための身体の能力を鍛えることにもつながります。身体は刺激に反応し適応することから考えると、筋肉のみに焦点を当てたトレーニングではなく、動きにアプローチすることで結果的に筋肉が総合的に鍛えられるという見方もできます。

挙上重量の向上

　多くの場合、トレーニングを開始してしばらくは挙上重量が段階的に向上していきます。年間で50kg以上の記録の向上も珍しくありません。新しい刺激が加わることで、身体はその刺激に適応し、変化していきます。挙上重量の向上には、筋力の向上と正しい動き（フォーム）の習得が必要になります。正しいフォームとは、1つの部位に過度に力発揮や負荷が偏るのではなく、各部位が互いに協調することで、設定されたタスクの達成に対して効率よく力を伝えることができる動作です。そしてフォームを習得する過程で身についていく能力が、パフォーマンスに対して重要な要素につながっていきます。

リスクに目を向ける

　挙上重量の向上を意識すればするほど、あるリスクには目を向けなけ

ればなりません。挙上重量を優先するあまり、極端な可動域の低下や、局所的に過剰な負荷をかけて傷害につながることです。たとえば、ベンチプレスを行う際の過度なブリッジや極端なワイドグリップは、可動域の低下のみならず、腰や手首の局所へ大きな負荷をかけてしまいます。スクワットやデッドリフトにおいても、脊柱のアライメントを正しく保持できないままに行うことで、負荷が腰椎などに集中してしまい、腰痛やヘルニアなどの器質的な傷害につながるリスクがあります。

　そのため挙上重量の向上は、正しいフォームの習得とともに行うべきであり、重量の向上とともに選手が何を身につけているのかを、経時的変化とともに評価し、提案し続けることが大切です。

「やり込む」と「競争意識」

　前述した要素を踏まえたうえで、挙上重量を向上させるためには必ずトレーニングを「やり込む」ことが必要です。この「やり込む」という能力こそが、選手がまず身につけるべき能力だと考えて指導しています。どんなにデザインされたプログラムであっても、それが達成されるまでやり込まなければ成果にはつながりません。トレーニングの取り組みに対して、正しい努力の方向性を提示することも、トレーニング指導者の仕事だと考えています。トレーニング指導者が筋肉や神経系に対してトレーニング強度やトレーニング頻度をコントロールすることはあっても、まずは最大反復回数までやりきることが大切です。

　また必要に応じて負荷を設定し、身体に対して刺激がマンネリ化しないようなアプローチを仕掛けていきます。そして、数値目標を設定することで取り組みに具体性を持たせています。チームにとって数値を追うことで生まれる競争は、モチベーションの向上にもつながります。このほかにも、推定でのレップ数やランキングなど、選手の取り組む意欲をかき立てる仕組みづくりを行い、モチベーションを高めることが数値向上の鍵になります。

ムーブメントスキルのコンセプトを利用

　スポーツでは「力に頼る」を褒め言葉として使うことは少ないでしょう。しかし、あらゆるシチュエーションで力を発揮できる能力は、アスリートにとって非常に重要な能力になります。これは「力に頼る」とは

異なる能力です。

　力を発揮するためには、それを支える身体の構造強度が必要となります。可動させる力と構造強度の関係が崩れると、力発揮のメカニズムにエラーが生じてしまいます。バーを挙上することができないだけでなく、トレーニング中にケガをしてしまう可能性も出てきます。このようなことを起こさないためにも、正しいエクササイズテクニックを通じて、スポーツにおける正しい動きを身につけるきっかけにするべきです。スポーツの中では、これらのことが経時的に変化しつつ、連続的に組み合わされ、正しい動きへの修正を図ることを難しくしています。そこで、トレーニングを正しい動きの習得につなげるステップとすることもパフォーマンス向上に役立ちます。そこでは動きがシンプルになることがポイントとなります。

　これらを満たすことに優れたエクササイズがビッグスリーです。ビッグスリーのようなシンプルな動きのトレーニングは、動きの基礎をつくるための基礎ドリルとしても有効になります。シンプルな動きの中にも、それらを構成するさまざまな要素が働いており、エラーを出さずに高重量が扱えるようになることが、傷害予防やパフォーマンスアップへとつながっていきます。

　そして、これらを達成するために1日に100reps以上の反復や、トータルでの重量を設定し、およそ効率がよいといわれるような負荷を度外視したアプローチも仕掛けることもあります。シンプルな取り組みと、そのキャパシティの向上が選手のパフォーマンスをアップさせる可能性を増やします。

　このように、シンプルなパワーリフティング種目を用いて挙上重量を向上させていくプロセスによって、身体スキルの精度を向上させ、力発揮に効率的な動きを身につけ、力発揮に必要な各種能力を発達させることができます。これらを理由に、私はトレーニング指導者としてビッグスリーを愛用しています。

　多くのトレーニング指導者が、この伝統的な種目の有用性を実感していることでしょう。徹底的に「やり込む」ことを忘れずに、正しい努力の方向性や身につけているものを伝えながら、多くのトレーニング指導者にビッグスリーを有効に活用していただきたいと思います。

11

ストレスとトレーニング

トレーニングのイメージ

　一般的にトレーニングというと、鍛錬や傷害予防、パフォーマンスアップといったものをイメージされるでしょう。具体的にはフィールドトレーニングやウェイトトレーニングがあり、ジャンプや走ったり、重りを持ち上げたり、自重を使ったり、チューブなどの道具を使うこともあります。スポーツの現場においては、いわゆる「刺激を入れる」といった言葉が使われることもあります。この刺激については多様な考え方がありますが、ここではあるひとつの側面から考えていきます。

生体の恒常性

　人間の生命活動やスポーツ活動を考えるうえで忘れてはならない概念があります。それは生体の恒常性（ホメオスタシス）です。ホメオスタシスとは、外部環境（温度、湿度、圧力、化学成分など）が変化しても、それに対応して生体内部の環境を一定に保つ機能のことをいいます。約60年前に生理学者・キャノン（Walter Bradford Cannon）は、生体が外部から強い刺激を受けた際に、そのホメオスタシスを維持するために、交感神経系とアドレナリンの分泌による全身反応が誘起される

ことを発見しました（緊急反応）。その後、このホメオスタシスの概念は近代医学にはなくてはならないものとなりました。

ストレス学説

　キャノンによって生体のホメオスタシスが提唱された後、生理学者・セリエ（Hans Selye）によって医学領域にストレス学説が提唱されました。セリエは、生体が外部から熱や圧力など強い刺激を受けたり、傷害を受けたり、あるいは身体の中に何らかの有害物質や異物が入り込んだときに、生体が一定の変調をきたすことを発見しました。これにより「身体の外から加えられた種々の刺激に対して、身体に生じた歪みと、その結果生じる防衛反応の全体像」をストレス状態と定義し、このストレス状態を引き起こす原因になる刺激をストレッサーと定義しました。
　ストレッサーには、物理的、化学的、生物学的、生理学的、精神的なものなどがあります。
　このように種々のストレッサーによって生体のホメオスタシスに歪みが生じることでストレス状態がつくり出され、身体にストレス反応が生じます。この繰り返しに身体は適応していきます。セリエのストレス学説以降、ストレスの医学領域での研究が盛んになり、現在ではストレスは医学領域で扱われることが一般的になってきました。

ストレス

　ここまでくるとおわかりでしょうか、あるひとつの側面とは「ストレス」です。「ストレス」という言葉は医学や生理学でヒトに対して使われる以前から、物理学や工学の世界で使われています。たとえば、応力（Stress）というものがあります。応力は物体の内部に生じる力の大きさやその作用方向を表現する物理量です。つまり、ストレスとは「外力があるモノに加わったときに生じる歪みや不均衡」の状態のことをいいます。

適応

　適応とは「生物の諸性質（形態、生理、行動など）が、その環境で生活するのに都合よくできていること、またはそのような状態に変化していく過程」をいいます。ここで注意しなくてはいけないことは、適応は必ずしも合目的に達成されるものではなく、慣例として、自然選択の結果として、生物が獲得した産物に対して用いるということです。スポーツや練習を例に、ひとつのトレーニングから偶然にもよい産物を獲得できることもありますが、反対に悪い産物を獲得することもあり得るということです。それは走り込みを毎日100本繰り返すことで、よいフォームを身につける可能性もあれば、悪いフォームが身につく可能性もあるということになり、このことを頭に入れておく必要があります。

トレーニングとストレス

　生体にはホメオスタシスによるバランスがあり、そこへストレッサーによるストレス状態がつくり出され、この刺激がホメオスタシスに歪みを与えていることになります。

　トレーニングは身体にこの歪みを与えた状態（ストレス状態）を生み出しているのです。1つひとつのエクササイズがどのような種類のストレッサーとなり、一連のプログラムが与えるストレス状態によって身体にどのような反応が起き、どのように適応していくかを考えていくことになります。

　「適応」の項でも少し触れましたが、個体が何に適応するのかは傾向こそあれ、自然選択の結果となります。そこで、観察・検証のために測定やその検証という作業工程にも留意するとよいでしょう。いわゆる個別性の原則もここに当てはまります。

ストレスがないことはよいことなのか？

　現代のストレスに対する認識は悪いものと捉えられがちです。では人間にとってストレスがない状態はよいことなのでしょうか。本来のストレスの考え方からすると、ストレスは悪ではありません。たとえば、身体に対してストレスのない状態を継続するとどうなるでしょう。宇宙飛行士は宇宙空間において、重力というストレッサーのない空間は、本来あるはずのストレスがない状態により、筋力や骨密度、循環器系などの低下が起こります。人間の能力を保つためには、その能力に見合うストレッサーが必要だということが理解できます。身体に対して「最適な」ストレス状態をつくり出す必要があります。また身体は常に成長や衰えを繰り返すので、ひとつの事象が身体に与えるストレスは同じではないことも理解しておく必要があります。

トレーニングを組み立てるために

　もちろん、どの程度のストレス状態をつくり出すべきかについては、精査をしながらトレーニングを指導することになります。適切なストレス状態によって適応した身体やその機能は、パフォーマンスアップに貢献します。しかし、過度なストレス状態の継続によるオーバートレーニング症候群やケガ、疾病にも注意が必要です。

　また、トレーニングをする人（トレーニー）はトレーニング負荷による刺激に対して負荷刺激に適応した状態を嫌う傾向があります。だからといって常に新規のストレスを与え続けていくことが必ずしも最善ではないことを理解し、新規のストレス状態と継続中のストレス状態を見定めながらトレーニングを組み立てていきます。

ストレス適応とムーブメントスキル

　適応は、「慣例として、自然選択の結果、獲得する産物」とされ、またその自然選択は合目的な選択とは限りません。そのため、トレーニングではその自然選択が合目的に身につけたい能力とリンクするように工夫していきます。

　ムーブメントスキルのトレーニングでは、身体スキルをもとにした、関節を固定する能力と可動させる能力が適切に使われているかを確認するようなコーチングキューを与えます。またそれら身体スキルの複合であるムーブメントスキルでも骨格や身体全体へのストレス（歪みや不均衡）を見ていきます。アスリートにとって、この歪みの力に対抗しうる筋力は不可欠であり、いかに歪みのエネルギーを運動のエネルギーとして使うかなどをトレーニングによって身につけていきます。歪み（ストレス）を生み出す「力」には、1回で大きな力が加わるというものから、1回では壊れることのない力が複数回にわたって加わるというものがあります。そのため、歪みに抗する能力や歪みの力そのものを、異なる運動へと利用できるようにトレーニングを積んでいくことが大切になります。

　トレーニングは身体にダメージを与えるために行うものではありません。結果として必要なダメージが加わることはありますが、ムーブメントスキルをトレーニングするうえでは、どのようなエクササイズで、そして一連の計画の中で、ストレスと身体をどのように向き合わせて適応させていくかを考えていきます。なぜなら、ダイナミックにパワフルに動けるようになることは、とてつもなく大きな力を利用することだからです。そこに向けてケガを予防しつつ、パフォーマンスを向上させる、時に二律背反のような状況もあります。そんな状態のときに、トレーニングも解決への道しるべのひとつとなれるように観察、分析、実行、検証を行うことが大切です。

12

身体を自由自在に扱う
セグメントと全身の運動

関節の重要性

　身体の動きを物体の運動と捉えると、セグメントごとの運動と全身の運動の2つの視点から見ることができます。ただし、それらは独立するように制御することがあっても、それぞれ物理的に干渉していることを忘れてはいけません。関節を介して隣り合うセグメントに力が加わり、セグメントに運動が起こります。さらにエネルギーの移動も関節を介して起こります。

　関節には大きく分けて2つの能力（固定と可動）があります。この能力を使いこなすことが、必要とする運動を起こすスキルの土台へとつながっていきます。

関節の形

　関節は蝶番関節、球関節、臼関節など独特な形状をしています。この形状に従い、適切な可動範囲が決まります。形状を無視した関節の動きは、セグメントの運動効率を低下させるだけでなく、関節の損傷にもつながります。不適切な関節の動きから局所に負荷が急激に加わり、ケガにつながることもあります。加えて、軽微な負荷であっても継続的に負

荷が加わると、特定の部位に金属疲労のような障害が起こることもあります。関節の形状に従った適切な動きをする必要性はここにあります。

セグメントの運動

関節を動かすことは、言い換えるとセグメントに運動をさせることでもあります。たとえば、肘関節と前腕のセグメントについて考えてみます。肘関節の屈曲-伸展において、肘関節により前腕部は回転運動が起こります。そこで前腕遠位端に焦点を当てると、肘関節を中心に円運動を起こしていることがわかります。

では、前腕部を並進運動させるにはどうすればよいでしょうか。肘関節のみの動きでは並進運動を行うことはできません。そこで肩関節を使うこと、またその他の複数の関節を使うことでも並進運動が可能になります。このようにセグメントにどのような運動をさせたいかによって、関節運動をコーディネートしていきます。

トレーニングでは、関節の出力に焦点を当てたものと、上述のようにセグメントにどのような運動をさせるのかに焦点を当てたものと2つの考え方があります。現象は総じて似たようなものですが、関節の出力を第一優先に取り組むことと、セグメントの運動を優先に取り組むことは、トレーニングを積み重ねるほど動作に違いが出てきます。

エクササイズと物体の運動

セグメントにどのような運動を起こさせたいのか、もしくは全身を代表する作用点の重心にどのような運動を起こさせたいのか、それらをさまざまに組み合わせた運動をさせたいのか、スポーツの特性や選手の能力を考慮しながらエクササイズを選択していきます。

たとえば、スタンディングで肘関節90°のバーベルアームカールの姿勢をつくり、その状態からスクワットをします。下肢三関節は屈曲-伸展、それ以外の関節は固定すると、重心を鉛直方向に動かすエクササイ

ズとなります。

　そして肘関節を90°に保てる重さのまま、スクワットの屈曲－伸展の速さが増すと、肘関節を90°に固定する能力がより要求されます。それはバーベルの質量に加速度が加わるからです。また肘関節に十分な固定力がある場合、全身のボトルネックになっている関節の固定力が鍛えられることになります。それは上肢がついている体幹の安定性がボトルネックとなることもあります。

　選手の能力が成長することでプレー中のボトルネックとなる能力は変化します。上述したスクワットのように、もしスクワットをした選手のボトルネックに変化が起きると、同じエクササイズでも異なる能力を優先的に刺激します。

コーディネーション能力

　全身の関節をそれぞれ使いこなすこと（身体スキル）、それらを起こしたい運動（動作）のためにコーディネートする能力をトレーニングすることはとても重要です。包丁砥ぎが得意な人と料理の腕前が必ずしも一致しないように、コーディネーション能力を駆使して、ムーブメントスキルや競技スキルへと昇華させていきます。

　もしコーディネーション能力に優れているにもかかわらず問題がある場合は、身体スキルにボトルネックが存在することがあります。この場合、身体スキルを改善させると競技スキルまで高まることがあります。「各関節の基本的能力」やそれらを使いこなすための「コーディネーション能力」を磨くことは、基本トレーニングといえます。

　「身体を自由自在に使いこなす」を目的に、上述した基本トレーニングとして身体スキルを磨きながら、「S、V、G」の概念を加えていくことでストレングストレーニングの効果はより高まります。これらは、ムーブメントスキルの土台となり、よりパワフルに動くためのムーブメントスキルのトレーニングの構築に役立ちます。

　そして常に基本に立ち返り、自由自在に身体を制御しているかチェッ

クしましょう。能力は使わなければ退化します。それゆえに小学生であろうと、トップアスリートであろうと、シニアの健康活動であろうと、基本の能力を低下させないように注意していくことが大切です。

対談

ムーブメントスキルとは何か

ムーブメントスキルで動きが変わる

――そういった考えをもとにトレーニングなり、練習なりをしていくと、動きの質が変わってくると言えますか。

朝倉・勝原：言えますね。

勝原：これは、子どもたちが相手でも実感することができます。学生や年齢のいったトップアスリートでも、シニアの方々のクオリティーオブライフを向上させていくのにどんなことをするかという話に至るまで、こういう普遍性の高いところに触れてあげるというのがよいのだと思います。

　競技特異性というのが話に出てくるのは事実だと思いますが、それは個体が何を目標、目的にしていくのかに対して、その特異性というのは、紐付きが凄く強いものだと思います。私たちはスポーツに特化した特異性を語るよりも、その一歩手前の部分をできるだけ語ろうとしています。基本的スタンスは、いわば「人間特異性」をどうやって表現するか、という部分です。競技に特化する以前の問題にできるだけ目を向けて、体系化したアイディアをさまざまな種類のスポーツのコーチたちにも使ってもらって、そしてそこから競技特異性というのを、選手であったりコーチであったりと一緒に、本来の競技特異性としてよいものかどうかというところまで、ディスカッションしていくべきなのかと思っています。

朝倉：そうですね。こういう話はむしろ専門家だけではなくスキルのコ

ーチの方に理解してほしいことというのが、本音です。なぜかというと、競技スポーツの場合、私たちはチームの目標達成のために、スキルコーチが仕事しやすいように手助けをしているわけです。コーチたちがプレーヤーに求めていることを、より合理的に、体系立てた方法で落とし込んでいきますので、スキルコーチの方々に理解していただければより効率も上がります。けれどもそれを運用していくのが難しいと思われるのであれば、私たちを道具として使っていただければいいと思っています。

　僕は車が好きで、よく車の話をするのですが、たとえば、高性能のトランスミッションがなければハイパフォーマンスが求められるスポーツカーは成立しませんよね。けれども、それは世の中ではあまり語られることはありません。私たちはそのスポーツカーのブランドが達成したいことのために必要なパーツの性能を向上させるような仕事をしています。レース戦略などの味付けは選手やコーチがすることで、私たちは味付けの匙加減の部分を体系立てて組み立てていくことが仕事です。

――動き方の特性がよくなることで、何か身体に変化が起こったりしますか。

勝原：ボトルネックになっているものが何なのかというのはすごく重要な要素です。ある動作がどのような条件で達成されるのかに対して、自分の持っている能力と、達成するために必要な事柄によってボトルネックが決まります。そして、自分の能力が進化することで、ボトルネックが変わってくるのですが、それを変えるようにするのが、トレーニングであったり、練習であったりします。今の段階ではある１つの何かがボトルネックなのだけれども、それを補っていくことで、別の何かがボトルネックへと変化したりします。なので、画一的に教えることは難しいのですが、その変化を見ながら進めていきます。

朝倉：最初は、単純に出力したときに受け止めるための準備ができていない、アライメントやポジショニングがおかしいというようなプリミティブな問題であったのが、各関節すべてがよいアライメントに整っても、繰り返し強い力を加えていったら、組織自体に負担がかかり破綻してくる、というようなこともあります。

勝原：そもそも、ボトルネックの位置を変えていくということは、トレ

ーニングで起こそうとしていることであって、その前提が理解できていないと、トレーニングの手法にズレが生じ、大いに伸び悩みを生んでしまいかねません。

朝倉：逆に言うと、事前にボトルネックの変化を、ストーリーとしてある程度わかっていると、動きの変化であるとか、運動後の疲労感や痛みの部位の変化によって、トレーニングに漸進的な変化をさせていくことができるのだと思います。

——ある1つのボトルネックの後ろにもう1つ別のボトルネックがあるというような、入れ子構造のようなケースはありましたか？

勝原：それはあります。完成されていないアスリートであればあるほど、2、3個くっついているようなものもあります。どんなことが起きているのか、それをどうしていくか、というのを理解するのが、本書の内容です。

　たとえば、あるボトルネックの要素は2週間で変わる可能性があるけれども、他方のボトルネックは半年くらいの猶予がないとなかなか変わらない可能性もある、という複雑な組み合わせの中で、トータルで年間のプログラムを考えていかなければなりません。1つのボトルネックが消えてから他のボトルネックに着手したら、さらに半年かかってしまいます。むしろこういうケースのほうが多いのではないでしょうか。

——あるボトルネックを解消したときに、本人にとっては調子が悪くなったように感じることもありますか？

勝原：私の今までの経験ではほぼありません。制限因子というレベルのものが改善して、何かが停滞することはあまり起きないです。

朝倉：たぶん、ボトルネックが明確に見えているアスリートにとっては、それ以外の部分では準備して取り組んでいるので、その改善によって悪い方向にいくということはないと思います。おそらく問題になっているのは、先ほど勝原も言ったように、複雑に入り組んだボトルネックが存在したときに、それをどう取り除いていくかが重要で、強引に一箇所だけを取り除くことによって、ダメになることもあるとは思いますが。

勝原：そういうのはありますよね。トレーニング処方に限らず、入り組んだ事象に対して、1つだけを無理矢理解消しようとして、難しい変化

が起きてしまうことはあります。

朝倉：そういう意味では、選手側もボトルネックを取り除く準備をする必要があるかもしれません。それは、レベルの高いところでの選手のほうが、シンプルにボトルネックを取り除くためのトレーニングに入りやすく、そうでない選手では、ボトルネックであると認識するために、運動として効果がないであろうことをする必要があったりもします。あえてそれをすることで、本人がうまくいっていない、何かまずいことが起こっているというのを認識するためのものです。

できないことを認知させる

勝原：先ほどの車の話でいうと、テスト走行することで、たとえば、この速度でコーナリングに入ると足回りがバタつくとか、このエンジンに対してこのボディ剛性ではスタートでアクセル踏み込んだら挙動が激しくてスピードが上がらない、というような状態であれば、メカニックが見る必要が出てきますよね。スポーツでドリルを行うのはそれに近いですよね。実は難しい技術を要求されています。

　アジリティの章で少し述べましたが、動作が複雑すぎて難しい場合にはダウンプログレッション（レトログレッション）しようと考えることもあれば、逆に思い切ってやってみて、「できなかったよね、何ができなかった？」と本人に認知してもらうということもあります。

　取り組んだ人間の９割５分が破綻した動作しかできていないと、それが求められている動きであるという誤った認知が起こってしまうこともあり得ます。そのため、コーチングでは本人ができるようになる過程で、理解できるようなプログラムを作成することが必要になります。

朝倉：このあたりのコーチングの部分は、本書の主題ではなかったので、あまり触れられてはいませんが、実際、選手ができていないというのを認知するために行うことも必要だと思います。

勝原：若いコーチは知ることで満足してしまいがちです。とりあえず習って、これいいなと思って現場で使って打ちのめさせている方もいるかと思いますが、もう一歩踏み込んで理解し、繰り返し行うことで形として定まり、現場で運用できるように腕を磨いていくという姿勢を持っていてほしいと思います。

朝倉：逆に、あえてこういうアプローチを全く見せずに、しかしこの視点に基づいて、「今はコンベンショナル（伝統的）なことしかしない」というアイディアもありだと思います。

勝原：私もありだと思います。コンベンショナルなトレーニングしかしないと言っている方が、別のケースに対しては、たとえば自然の中で薪割りをするなど、全く異なるトレーニングをしていたりします。それは首尾一貫していないのではなく、もっと根源的な部分で一貫しているからこそ、クライアントが今何をすべきかが明確なのです。

朝倉：フレキシブルにできるということは、原理原則的な部分が頭の中で原点（絶対的な座標軸）として存在するから、それに対しての相対的なものが存在し得るのだと思います。

今回勝原は、本書において具体的なトレーニング法にはほとんど触れていません。よくあるトレーニング本から一歩踏み込んで、あえて原理原則について書いていますが、これは素晴らしいことであり、実は必要なことだと思っています。

勝原：木下進人さんは、コンベンショナルなトレーニングを徹底的にやるというスタンスを持っていますが、その中に達成すべき課題というのが明確になっています。そういうものに一切アイディアを向けないで、トレーニング法しか知らないからやっているというのでは全く意味が違ってきます。逆に酒井崇宏さんには、このようなアイディアを使って、チームでこんな使い方をしてみたよ、という具体的な事例を話してもらいました。

見る目をつくる

──お二人の話を聞いていますと、トレーナー側の見る目があってしかるべきということなのでしょうか。

朝倉：車のメカニックの人が、修理をするのに原因を見つけられなかったら修理できませんよね。マニュアルを見てパーツを交換したからよいということではないと思います。トレーナーやコーチはこの部分、見る目を磨くにあたってこういう考え方を有効活用していただければよいと思っています。この原理原則のアイディアを咀嚼して、現象を見たときに何が起こっているのか、自分のわかる範囲でかまわないですから、見

つけることが大事です。

勝原：その修練は必要ですね。触れてこなかったような物理現象が目の前に出てくると、どのアイディアでそれを把握、分析すると短時間で見えてくるかがわかりません。このスポーツのこの動作にはこの要素が大きな要因というのが、モノによって違うので、そこの基礎科学の幅を広げていくことが、見るときには大切です。

　私も初めて解決しないといけない物理現象が目の前に出てきたら、写真や動画を大量に見ます。関わっている自転車競技の映像は、1日あたり100本くらいのレースを見ていました。それを数年続けることによって見える世界というのがあります。ただ単純に同じ数を見た人と、私たちのように、本書のようなアイディアを持って見ることで、浮かび上がってくるものがあります。こればっかりは、覚えるもの、一問一答形式のものではありません。極力このようなファンダメンタルを高めています。

　何かを見るときには、自分に足りない身についていないものがあるという前提で見てほしいと思います。そうしないと、物事が歪んで見えてしまいます。動きを見たときに、7割は綺麗に見えるのだけれども、3割は何かいびつであるということにちゃんと気がついておくことができるかどうか。ひとまず置いておくにしても、ブラックボックスとして認識してさえいれば、数多くのレースを見ることや、それに必要なアイディアを高めていくことで、また見えてきます。そこを無理矢理、解決したと思い込もうとすると、見えるものも見えなくなってしまいます。

朝倉：見えていないものがある、と思って興味を持って見ることは重要。それを可能にするには、やはり原理原則を知っている必要があって、勝原も言ったように、じっと見ているわけではなくて、ぼんやり見ているとアンテナが反応し、たくさんのパターン認識の中で、おかしいというのを察知できるようになります。人間は、そういうパターン認識の能力が高くて、まだまだコンピュータが追いつかないと言われているくらいです。

勝原：先ほどボトルネックの話をしましたが、スポーツは日々状況が変わっていて、勝つための戦術の潮流というのがあり、その流れによって、本人の能力の変化ではなくてもボトルネックに変化が生じることが

あります。取り組んでいた課題そのものも達成されているけれど、それに戦術的な潮流が乗っかってきて、相手との相対的な能力差というのに変化が出てくる場合がある。

このようなケースがあるので、トレーニングで何を達成するかというカウンセリングからスタートして、取り組み、前に進んでいくというように、本人とだけ向き合うだけでは達成し得ないこともあるので、僕たちは流れの部分にも気を配っていないといけないのかなと思っています。

—— 時代の流れや環境にも、ですね。朝倉さんは、経験豊富な監督と合う気がします。

朝倉：はい、合うというよりも「この人はこういうふうに言うんだ（表現するんだ）」というように楽しく、話を聞くことはありますね。

—— それは視点であれ、みているものに何か共通する点があるということでしょうか。

朝倉：どうなんでしょうね。向こうはそう思っていないかもしれないですけれど、僕は勉強になることが多いです。

—— むしろ若手の監督と話が通じにくかったりしませんか。

朝倉：通じないことはないですが、先回りして違う理解になったり…。

監督の考えをヒントに

勝原：私なんかは、コーチの方々それぞれが身につけてきたものを私たちの視点から再構築してみると、こんな組み立て方をする建物が建っていたというのが、たくさん見えてきました。

朝倉：面白いですよね。

勝原：まずは、その展開図をつくるような作業をして、理解をしてから、コーチと話をするようにしています。こういう作業をさせてくれたコーチに感謝することも多いです。私たちがこの展開図でいきましょうと言うのではなくて、どこから始まるのかというと、そのチーム、選手が向かうところありきで、私たちは一緒に共同作業するという性質があるので、いろいろなバックグラウンドを持った、たとえば戦争を知っている時代の方のコーチングは、今の人たちがナンセンスと思ってしまうかもしれない。けれども、そういう方がバシッとモノを言ったら、起こ

したい現象が整ったりすることもあります。そこには凄まじいノウハウがある。それを展開することは難しいと思われていますが。

けれども、もしその展開図がつくれたとしたら、私たちからしたら多くを学ぶべきであって、人類的に大切な存在ですよね。正しく使えているかどうかではなくて、その財産を後世に伝え残せたらと思って接しますね。

朝倉：建物で言ったら、2×4（ツーバイフォー）は確かに合理的で、つくりやすく、コストも安くてよいのだが、五重塔の木組みのように釘を使わない技術を持った宮大工が建築するところを見ることができれば、その後の自分の構築作業においてアイディアとして持っていなければならないことを学ぶことができる、ということです。

最近は、エビデンスベースで、できるだけ合理的なことをしようということで構築していると、できないことをされたりすることもあるわけで、もっと言うとコンプライアンス的にどうなのか、ということをされていることもあります。けれどもそういうものを見せていただくことは、私にとってはプラス、純粋に自分自身の今後の伝えていくものとして、非常に貴重なものであることが多いです。

勝原：先ほどのたとえは面白くて、ツーバイフォーの仕事に含まれることには、宮大工にはできないこともあったりしますが、ツーバイフォーの仕事では限界に達したときに（もう一段高いところにいきたいときに）、確実に宮大工ならできることが存在し得るんですよね。そこに全く異なる手法で成し遂げてきた人の極意が見て取れる。そしてそれをまた大工さんに返し、誰でも使えるようにまでするというのはとても大事ですね。一番難しいところ。

朝倉：そういうコストをかけてくれる人が減ってきているということもありますよね。四半期で結果を出せという時代ですから。トレーニングの結果って何を言うのでしょうか…。

勝原：都合よく結果の定義を決められればよいのですが、考え直すとそうじゃない、となるので、結果としてそれは定義づけにならない。

朝倉：定義の妥当性が低い。サイエンスの話になるのですが、妥当性について語られることが少ないんですよね。もっと語られていいと思うのですが。

勝原：そこはパンドラの箱なので難しいですね。

朝倉：妥当性を語り始めると揚げ足取りになることもあるので、難しい。

原始的だが重要なこと

朝倉：なので、最初の話に戻ると、本書で紹介しているムーブメントスキルをトレーニングするというアイディアは、いろいろな方がされているセミナーに比べたら、非常にプリミティブ（原始的・根源的）な内容だと思います。けれどもプリミティブなことは、すごく大事だと思っていて、その理解があるから、もう少しミクロな、マクロなアイディアが存在するのではないかと思います。

　たとえば、第8章でスピードの話をしましたが、スピード、速度、速さ、という言葉ほど、物理的な表現とスポーツ界での概念が違っている部分が多いのではないかと感じます。

勝原：安定感を持って使われていない感じがします。

朝倉：それは、たとえば物理的に考えると、A地点からB地点まで10秒間で往復するとしたら、平均の速度は0（ゼロ）なんです。それを速いと言ったりもしますよね。確かに速いですが、何をもってスピードとするのかというような、当たり前として扱ってきたことを、ちゃんと力学的な見地で再定義するということを、本書では提言しました。

勝原：皆さん同じことを考えていると思うんですよね、改まって言われなくてもわかっている、というような内容を、言葉の認識のずれが生じないように、あえて再確認するようにしました。本書をアイディアのきっかけにしてもらうと、ひとつのワードや考え方にしても、そこからもう一歩踏み込んで、さらに深い話ができますので、組み立てがきちんとされてくるのではないかと思います。

朝倉：第9章のヤングのアジリティの定義なども面白くて、この練習では何をやっているのかというのがわかると、練習の効果が見えてきます。

勝原：選手にドリルで何をつかんでもらいたいのか、ですよね。

朝倉：たとえば、認知判断因子についてのトレーニングと、方向転換についてのトレーニングでは一致している部分とそうでない部分があっ

て、いろいろな部分を自動化することで、テクニックの部分を改善するけれども、そもそも判断や認知の因子がダメな場合は、いわゆる練習をしましょう、ということになります。

　このムーブメントのアイディアで面白いと思うのは、ある程度自動化している部分は、自動化してしまって、そのあとは認知、判断因子のトレーニングをしながら、それに対してどのスイッチを入れるのかを扱っているということです。

　練習を改善するときに、指導者が基本的なムーブメントの概念を持っていると、何がうまくいっていないのか、というのがわかると思います。そうすると練習の質も向上します。練習の質が向上するということは、おそらく練習は一般的なレジスタンストレーニングと特異的なトレーニングであることが多いですから、ストレス適応によって、適切な方向に進みやすいというサイクルが生まれやすいのかなと思います。よい練習をするために、その準備としてトレーニングをするというのは、そういうことなのだと思います。

　理解の浅い選手は、ここにあるようなアジリティの構成要素のどの部分がどうで、ということが認識できていないことが多く、なんとなくやっているような気がします。

　ベテランでは同一ドリルの中で違う部分に着目してトレーニングすることができます。スクワットという種目を、あるレベルの選手は体幹支持のコントロールをするために、またある選手は正しい方向に力を発揮できるようになるために行う、ある選手は体幹の支持の力を応力を溜めながら力を出すために行う、というように同じエクササイズを行ううえで、コーチングポイントを変えてあげることで、違う結果を求めることができます。本書にトレーニング種目が入っていないのはそういうことで、種目はなんでもいいんですよ、エクササイズの中で何を見て、何を高めるのかという部分が大事なのです。

勝原：効果的なトレーニングというのはボトルネックを埋めることなので、指導する側にこういうアイディアがないと、あっという間にボトルネックが消え去ってしまったり、埋まった瞬間に伸び悩みが生じたりしてしまいます。そのためにトレーニング指導者とかストレングスコーチがいるのであって、ボトルネックの導き方とか、エクササイズやプログ

ラムの流れを変えることができずに、既存の情報だけで指導している方が悩んでいるというのはそういう点だと思います。

　そこに私たちの見る力とか提案する力とか、そしてそれを実行するようなコーチングの力を発揮していくことが、トレーニングの本質なのではないかと思います。

朝倉：木下さんのBIG 3をやり込む（事例報告2）というのも同様で、やり込むことによって見えてくるもの、感じられるものがあって、その時々で正しい方法を運用するように、微妙にコーチングポイントを変えながらやり込ませるというところが、すごく大事になってきます。そこはアイディアだと思います。

勝原：そこのアイディアの部分に関して、私たちが認識している部分を本書に書かなかったのは、認識の誤りを生んでしまうと、本意でなくなってしまう危険性もあるので、確実に事実と照らし合わせられる部分を強調しました。

　私自身もBIG 3、BIG 5は相当やり込みました。最初の2年くらいは鰻上りで、それに衝撃を受けて今も勉強してるようなものですからね。ところが、ボトルネックが埋まってくると、それだけやっていても、パフォーマンスの向上とトレーニング成果の向上の一致点が見えなくなって、むしろトラブルが起こってくる、ということが出てきました。

　1つのエクササイズそれ自体は、本人のどこかの時点では必ず必要かもしれないのですが、その段階だけで解消できるものではなく、ボトルネックを見極めながら、どこから手をつけて、どの段階で行うかということは千差万別で、考える必要があると、今は思っています。

朝倉：そういう人は逆に、まず疑問を持つことが多い気がします。そこはトレーニングではなくて、「こうやったら埋まるんじゃないの？」という言葉のやりとりで、まず1つボトルネックが埋まり始めることが多い。チームに最初についたときは、座って話をするというトレーニングをたくさんします。もちろんトレーニングはするのですが、話をすることが多い。

　ムーブメントを考える際、そもそもの大事な点というのは、いろいろな物事を見たり、実践するときに必要な絶対的な概念を持つ、ということだと思います。絶対座標の座標軸を見失わないために重要なアイディ

アではないかと思う。

　物事を見るときに、絶対座標の中で視点が定まって見ることで、物事の違いが見えやすくなります。物事の違いを認知して、その方向が見えるようになれば、適したトレーニングを考えられるのではないでしょうか。

あとがき

　対談でも話していたのですが、私たちはトレーニングや動きを考える
ときにオブジェクト（目的）志向で考えるべきであると思っています。
たとえば「座標系で考える」というアイディアを見てみると、移動に関
してのムーブメントスキル向上の目的は座標（目的地）により速く、も
しくはコントロールされて移動することが目的で、身体にどのようなテ
クニックを表現させるか？　は手段です。身体の機能というローカルな
機能を利用して、最終的に行きたい方向に加速するというグローバルな
目的達成を求めるわけです。

　一方身体の解剖学的制限や機能から考えて、適切な出力の仕方のルー
ルも存在します。このグローバルな目的とローカルなルールの 2 つの間
には広大な空間があり、選手それぞれが、ある局面でのベストなチョイ
スができて、かつ実施できるという点が最終的なゴールになると思って
います。言い換えればその間はかなりの自由度を持って運用すればよい
と思います。むしろ、グローバルな目的に対してさまざまなクリエイティ
ィブなソリューションができるように、それらを構築しているローカル
な出力のテクニックを身につけてもらうようアプローチしているので
す。

　私たちトレーニング指導者は、得てして狭い範囲で起こっているロー
カルな機能だけにとらわれがちですが、グローバルな目的達成を見失わ
ずにアプローチすることが重要なことなんです。グローバルな表現のた
めにローカルな機能をイノベーティブに使えるようにオブジェクト志向
でトレーニングに取り組んでほしいです。

2016年 2 月　朝倉全紀

監修者・著者紹介

朝倉全紀（あさくら・まさき）

1971年　米国カリフォルニア州出身

LIXILディアーズ Director of Athletic Performance、School of Movement Training 主宰

　米国カリフォルニア州ライケスセンターでのストレングスコーチを2005年まで務め、小学生からNFLをはじめとしたプロ選手に対してのトレーニング指導を行う。同センターのミッションに則り、選手たちのスポーツ選手としてだけでなく人間としての向上を目指すプログラムに深く関わる。帰国後、鹿島ディアーズ（現LIXILディアーズ）ストレングスコーチに就任。以後同チームに加え、日立サンロッカーズやその他大学、高校生の指導に携わる。現在は日本アメリカンフットボール協会において、全国の選手に向け、トレーニングの啓蒙活動を行っている。2010年よりムーブメントスキルの向上を目指したSchool of Movement Trainingを開始し、多くのコーチ、トレーナーに対しての指導を行う。

勝原竜太（かつはら・りゅうた）

1983年生まれ

Dragon Athlete 代表、Panasonic IMPULSE Athletic Performance Coordinatior、一般社団法人スポーツのよき相談者 代表理事

　2007-2009年まで鹿島ディアーズアシスタントストレングスコーチとして従事。2008年以降、NFLなど海外挑戦アスリートのトレーニング指導を行っている。2010-2011シーズンパナソニック電工インパルス（現パナソニックインパルス）にヘッドストレングスコーチとして従事。また野球、競輪、ゴルフ、チアダンス、健康づくりなど様々なトレーニング指導に携わる。2013年に一般社団法人スポーツのよき相談者を設立。非営利型法人として地域スポーツの振興のため「科学的根拠を基に安全と楽しみ」をMissionとして、「スポーツとヒトをつなぐ」活動を行っている。2015年から現職パナソニックインパルスに復帰。アメフトトップリーグ（Xリーグ）にも優秀な米国人選手の加入などがあり、トレーニングも世界基準能力の育成を行っている。

ムーブメントスキルを高める

2016年5月25日　第1版第1刷発行
2018年7月10日　第1版第2刷発行

監　修　朝倉　全紀
著　者　勝原　竜太
発行者　松葉谷　勉
発行所　有限会社ブックハウス・エイチディ
　　　　〒164-8604
　　　　東京都中野区弥生町1丁目30番17号
　　　　電話03-3372-6251
印刷所　シナノ印刷株式会社

方法の如何を問わず、無断での全部もしくは一部の複写、複製、
転載、デジタル化、映像化を禁ず。
©2016 by Ryuta Katsuhara. Printed in Japan
落丁、乱丁本はお取り替え致します。